国民的生命,与其说掌握在当权者手中,
不如说握在母亲手中。

妈妈养育儿子的25个经典法则

妈妈和儿子一起长大

曾强 编著

云南出版集团公司
云南人民出版社

图书在版编目(CIP)数据

妈妈和儿子一起长大／曾强编著．－－昆明：云南人民出版社，2011.11
　　ISBN 978-7-222-08421-6
　　Ⅰ．①妈…　Ⅱ．①曾…　Ⅲ．①男性－家庭教育　Ⅳ．①G78

中国版本图书馆CIP数据核字(2011)第224001号

组　　稿：	刘诚林
责任编辑：	陈艳芳　杨　涓
特约编辑：	杨　森
责任印制：	段金华
责任校对：	方　芳

书　　名	妈妈和儿子一起长大
作　　者	曾强　编著
策　　划	北京海润源文化有限公司
出　　版	云南出版集团公司　云南人民出版社
发　　行	云南人民出版社
社　　址	昆明市环城西路609号
邮　　编	650034
网　　址	www.ynpph.com.cn
E－mail	rmszbs@public.km.yn.cn
开　　本	787×1092　1/16
印　　张	13.125
字　　数	162千
版　　次	2011年12月第1版第1次印刷
排　　版	北京海润源文化有限公司
印　　数	1－5,000
印　　刷	北京九天众诚印刷有限公司
书　　号	ISBN 978-7-222-08421-6
定　　价	25.80元

尊敬的读者：若你购买的我社图书存在印装质量问题，请与我社发行部联系调换。
发行部电话：(0871)4194864　　4191604　　4107628(邮购)

目 录

前言：妈妈与儿子息息相关/1

爱儿子首先要懂儿子/1

男孩更需要关爱/6

孩子也需要尊重/12

做儿子喜欢的妈妈/21

教育儿子的法宝 /29

妈妈应避免的教育误区/33

重视对男孩的性别教育/39

不要扼杀儿子爱玩的天性/44

如何对儿子说"不"/51

把握对儿子早期教育的关键期/58

竞争是男孩的天性/63

发展儿子的语言能力/67

培养儿子的思考能力/75

培养爱运动的男孩/85

培养有爱心的男孩/97

让儿子尽显阳刚之气/104

培养儿子良好的习惯/110

培养一个聪明的男孩 /127

让儿子对学习充满兴趣/143

教儿子成为自己情绪的主人/152

培养独立自主的男孩/160

培养乐观的儿子/169

让儿子坚强起来/176

培养儿子的责任心/186

培养善于交际的男孩儿/195

前言：妈妈与儿子息息相关

教育家福禄贝尔说：国民的生命，与其说掌握在当权者手中，不如说握在母亲手中。良好的家庭教育对人的进步的影响是终生难忘的，而妈妈对子女的影响尤为重大，往往可以影响他们的一生，因为大部分的孩子都是由母亲带大的。从古到今，从中到外，许多为国家和人类作出贡献的著名爱国者、民族英雄、政治家、军事家、文学家、科学家，翻阅一下他们的成长史，便不难发现都与他们父母及家庭有十分密切的关系，正如现代文学家著名作家老舍说的，"母亲给我的是生命教育"。

儿子的聪明源自于妈妈

传统上认为，男性更具逻辑推理能力和理性，而女性则较具直觉和情感。但是剑桥大学的研究者却发现，母亲的基因在孩子大脑的发育过程中起着主导作用；父亲基因则是影响孩子情感和性格的主要因素。研究发现，在大脑负责记忆和思维的区域内，没有父亲的细胞；而在负责情感的区域没有发现只含母亲基因的细胞，相反，只含母亲基因的细胞出现在负责语言和计划能力的"执行"区。因此，对于人类而言，母亲的基因在孩子大脑皮质的形成中有着更大的贡献。

在美国，有一个时期内，孤儿院里婴儿的死亡率很高，为了解决这一问题，心理学家对两所孤儿院进行了认真调查。

结果，他发现，在其中一所孤儿院，医疗和其他设备都非常完善，只是护士配备不足，即每10个婴儿由一名护士照看，因此这个孤儿院婴儿的死亡率极高。而存活下来的大多数婴儿都呈现出明显的自闭症特征，对周围的事物漠不关心，但最重要的还是，他们的智力发展都存在严重的问题。例如，他们之中的大多数孩子到了2岁，还不会走路；到了3岁时，还不会说话；有些孩子甚至连大小便都不能自理……

但在另一所孤儿院，情况却完全相反。这所孤儿院虽然物质和文化条件都非常恶劣，但护士却非常多。一名护士照顾2个婴儿，她们就像母亲一样照顾婴儿。因此，这些婴儿几乎都很健康，他们对疾病的抵抗力很强，死亡率极低……最重要的是，到了一定年龄，他们很快就学会了走路、说话、自己穿衣服等。

由此，心理学家得出了这样一个结论：母亲的关注和爱护，是婴幼儿身心健康发育以及智力发展的基础。如果在孩子生命的早期，母亲就忽视他们，或者常常使他们感觉到不舒服，那孩子的智力发展就很可能会出现障碍。

儿子的顽皮来自于妈妈

男孩子总是调皮捣蛋，他们没有一刻是安宁的。一个刚刚会走路的小男孩，只要他能爬上去的地方，他就会从那里跳下去；

他喜欢玩火；他会把自己藏起来，让全家人着急；他会把一切能吃不能吃的东西，统统都向嘴里塞；他还会故意惹老师和同学生气，并以此为乐趣。他喜欢搞破坏，把所有的屋子都搞得乱糟糟却还意识不到自己的错误；喜欢打架和欺负别人。随着年龄的增长，男孩还会爱上更多富有冒险性的事物，如滑板、攀岩、滑翔、飙车等等。可以说，任何一个男孩在小时候都或多或少地受过外伤，男孩没受过伤就长大成人堪称是奇迹。面对调皮的男孩，妈妈往往束手无策。

一位妈妈更是用"每天都生活在提心吊胆中"来形容自己带大两个儿子的经历：

他们每天都让人不得安宁，他们喜欢爬到家具上，再从家具上跳到床上，因此家里的床垫被他们跳出一个大洞；他们还喜欢到楼下的小花园里去爬树，甚至还学"蝙蝠侠"在树与树之间窜来窜去。有一次，他们竟然从几米高的树上摔下来，结果把腿骨摔折了，在家休养了两个月才能去上学。

是的，这些调皮捣蛋的男孩让妈妈伤透了脑筋，然而，妈妈们却绝对想不到，这些调皮捣蛋的基因是源自于她们。

英国科学家认为，在一般情况下，男孩要比女孩顽皮，这与男孩的遗传基因有关。由于男性性别 X 染色体是由母亲而来，故男孩子一般比女孩顽皮及无礼，是受母亲的遗传。换句话说，顽皮男孩的顽皮个性来自母亲的染色体。

儿子的力量来源于妈妈

每个孩子的成长都需要父爱和母爱，但父爱与母爱是完全不同的两种爱，它们是不能互相代替的。不管是正在成长的小男孩，还是已经成家立业的男人，或者是已经年过半百的中年人，妈妈的存在都会带给他们十足的安全感，妈妈永远是他们心灵停泊的港湾。

心理学家曾做了这样一个试验：他把小猴和母猴隔离，在小猴子独自生活的过程中，心理学家发现，遇到可怕的事物，如心理学家戴着老虎或狮子的面具出现在它面前，小猴就会吓得浑身哆嗦，然后蹲下来抱住自己的头。但如果把一个假的母猴放在它身旁，它会抱住"母亲"，然后就像有了靠山似的，不断冲着"老虎"、"狮子"龇牙咧嘴，甚至还会走过去向它们挑战。

可见，母爱是孩子的强心剂，它会给予孩子十足的安全感，促使孩子去面对一切困难和挑战。

儿子的性格来源于妈妈

行为学家通过对一些少年犯的研究，发现了这样一个奇怪的现象：那些犯有偷窃罪的男孩几乎都有一个共同的特点，他们都没有母亲，或者不与母亲生活在一起。对此，行为学家解释，盗窃犯罪多半是由于在情感上对别人的财产和所有权缺少应有的尊重而引起的。确切来说，是由于他们缺少"爱"的性格而引起的。在小的时候，他们没有得到过母亲的爱和尊重，他们自己也不会尊重别人，更不会爱别人。

面对着与自己息息相关的儿子,妈妈应该如何去教养培育呢？高尔基说："爱孩子，这是连母鸡都会的。"可是应该怎样去爱，却是需要爱的智慧的。

澳大利亚男孩教育专家伊恩·利利科认为，教育男孩时，应该做到：

1. 男孩遇到情绪问题时，让他们从事喜欢的运动来排遣烦恼情绪。

2. 男孩，尤其是初中男孩必须在学校里有一个属于他们自己的空间或场地，否则他们对学校没有归属感。

3. 让男孩在写作之前先"动口"，对所写的内容谈个够，大力提高表达能力。

4. 攻击性强的男孩通常在童年缺少亲人的拥抱，教师与家长应该重视与男孩的非语言交流，如拍肩、握手等身体接触。

5. 如果男孩带着情绪来到家长和教师跟前，我们必须允许他们表达自己的感受，而不是急着为他们解决问题。

6. 男孩在学校应该有发言权，他们才会真心投入。学生委员会应该致力于扩大他们的权利，为学生代言。

7. 男孩需要与大自然接触，做男人们做的事情：打猎、钓鱼、捕蟹、宿营等。这些活动会给他们带来自信心，帮助他们理解大自然的力量和自己在世界中的位置。

8. 不放弃任何让男孩理性思考的机会。教室里的海报、学校的各种仪式、讨论会、辩论赛都是很好的形式。

有人说：因为上帝不能到每一个家庭，所以创造了母亲。著名的教育家斯特娜夫人说，孩子的心灵是一块奇怪的土地，播上思想的种子，就会获得行为的收获；播上行为的种子，就能获得习惯的收获；播上习惯的种子，就能获得品德的收获；播上品德的种子，就能获得命运的收获。因此说，孩子的命运掌握在母亲手中。

朱德说:"母亲在家庭里极能任劳任怨。她性格和蔼,没有打骂过我们,也没有同任何人吵过架。""母亲那种宽厚仁慈的态度,至今还在我心中留有深刻的印象。""我应该感谢母亲,她教给我与困难作斗争的经验。我在家庭中已经饱尝艰苦,这使我在三十多年的军事生活和革命生活中再没感到过困难,没被困难吓倒。"

列宁认为,正是母亲的影响,激发了他的革命热情。

韦尔奇在他的自传里说:"如果我拥有任何领导者的风范,可以让大家发挥长处,我觉得这都应该归功于母亲。忍耐而有进取心,热情而又慷慨是母亲的特点。"

克林顿曾经说过:"母亲教我永远不要放弃,永远不要屈服,永远不要停止微笑。"

世界首富比尔·盖茨小时候似乎总是心不在焉,不听父母的话,母亲曾经带他看过一段时间心理医生,但是发现治疗毫无效果,而且还有副作用,于是果断地停止了治疗,转而支持他的看似随意,但很有主见的行为,终于成就了世界最富有的企业家和最伟大的慈善家。

发明家爱迪生小时候学习成绩很差,不被老师喜欢,他母亲则认为是学校有问题,决定让其退学,自己教他……

众多成功人士的健康成长都与他们的母亲分不开。母亲是他们内心永恒的精神支柱。他们强烈的自信心更多地来自于母亲坚忍不拔、吃苦耐劳的精神。当他们遇到挫折时,母亲作为生命源,是最先被想到和最可依赖的。母亲是儿子成长的摇篮,决定着儿子的未来。

爱儿子首先要懂儿子

国外的教育学家在一所小学里做了这样一个试验：他让所有的小学生写出"是男孩好还是女孩好，并说明理由"。结果，女孩们大多都认为女孩好，并且她们写下的理由也近乎相似：

1. 女孩闭着嘴巴嚼东西；
2. 女孩更懂礼貌；
3. 女孩的头发梳理得更漂亮；
4. 女孩不挖鼻孔；
5. 女孩没有那么多的体味；
6. 女孩安静得多；
7. 女孩不会把房间弄乱；
8. 女孩的坐相更斯文；
9. 女孩更听老师和父母的话；
10. 女孩更会关心人；
11. 女孩更有仪表风度。

而男孩们大多也为自己是个小男子汉而感到自豪,他们自豪的原因可以概括为以下几点:

1. 男孩敢于坐在恐怖电影前眼皮眨都不眨一下;
2. 男孩不会总感到难为情;
3. 男孩会爬树;
4. 男孩敢骑马;
5. 男孩比女孩勇敢,不怕毛毛虫;
6. 男孩走路不扭扭捏捏;
7. 男孩为自己身上的气味而自豪;
8. 男孩不需要别人指引方向;
9. 男孩爱打抱不平;
10. 男孩做事更快,不会拖拖拉拉等上"一百年";
11. 男孩不会像女孩那样爱哭泣。

事实上,女孩有女孩的好处,男孩有男孩的优点。不管是做试验还是搞调查,都不能因此而确定究竟是男孩好还是女孩好。但是,不可否认的一点是,男孩和女孩的确有着很大的差别。古老的童谣中说,小女孩是由糖果、香料和一切美好的东西构成的,而小男孩则是由剪刀、蜗牛和宠物小狗的尾巴构成的。

那么,这些与众不同的小男孩的世界是如何的呢?

男孩女孩的大脑结构明显不同

研究发现,男孩与女孩的大脑结构有显著的不同,从而导致男孩与女孩相比,在记忆力、想象力、身体运动的控制能力、思维方式、感受力、行为方式、洞察力等方面有着很多的不同。当遇到问题时，男孩往往会先解决问题，然后才考虑与伴侣或合作伙伴的关系，而大多数女孩则十分重视关系，先考虑这方面的问题。

男孩也需要关爱

在新生命的初期，男孩女孩需要一样多的爱。我们将生命的头 12~14 个月称作"将婴儿像衣服一样穿在身上"的时期。理想的做法是，在开始的几个月里，婴儿应该在一个温暖幸福的环境里成长，通过与母亲或父亲的身体不断接触而感到安慰。

男孩的世界里充满了动作

科学家发现：男孩是因为胚胎发育第 7 周有足够的男性荷尔蒙产生而出现男性特征，这些男性荷尔蒙让男孩动个不停，他们的世界充满了动作，他们喜欢探索新奇，对物体、东西、动物充满了兴趣，所以大多数男孩都喜欢东摸摸、西拆拆，喜欢动态、竞争性的游戏，喜欢新玩具，不喜欢新玩伴，而且动不动想把东西拆开来研究。

男孩不会表达自己的情感

男孩天生对心理、情绪不敏锐，往往表现得"不在乎别人"，他们用右脑处理情绪，用左脑处理语言，左右脑彼此联系的纤维束比女性小，不似女性左右脑都有语言和视觉空间能力，所以语言表达能力较差。有的小男孩往往会以愤怒、反抗、发脾气等来表达自己的情绪。

作为妈妈要教男孩懂得如何表达自己的情感和情绪，从而聆听孩子真实的意图。让他体会到来自妈妈的关爱，学会对他人表示关心，欣赏别人的优点，能接受自己犯错，成为一个高情商的健康成熟的男人。

妈妈是男孩学习爱的关键

教育专家认为，男孩从出生到6岁小学入学前，是学习爱的阶段，他需要充分的关爱和安全感，这段时间妈妈扮演的角色较为重要。妈妈温柔的拥抱、亲切的讲解与对话都会让男孩感受到爱，学会亲密沟通，愉快的认识世界，乐于学习和互动，从而发展其语言和社交能力。

另外，作为男孩第一个接触的人，妈妈通常会将自己对男性所有的印象和感觉投射到孩子身上，而孩子也逐渐从妈妈的态度与认知中感受男性的角色，并产生对异性的认知。

男孩的世界里不可缺少爸爸

6岁左右的男孩会想要知道男孩子应是什么样子，他们会观察爸爸的一举一动，或模仿周遭男性，这个时期爸爸对儿子影响最大，他可以帮助儿子学习一些生活能力和技巧，让儿子对自己有信心而乐于认同男孩的角色。男孩喜欢父亲拥抱他们，和父亲做肢体活动，比腕力，探险。男孩子需要和爸爸在一起活动，比如一起出去散步聊天，钓鱼露营，一起运动，培养休闲嗜好等。

另外，在成长的过程中，男孩会观察爸爸在婚姻、家庭、社区中，如何面对冲突，处理关系。爸爸所能给孩子最好的礼物就是爱妈妈。爸爸应该做男孩的表率，以尊重的态度对待妻子与身边其他的女性。研究显示，爸爸缺席的男孩较容易有暴力行为，情感受伤，参加帮派，在学校学习不能专注而影响成绩。有爸爸陪伴成长的孩子因为家庭较完整，也能给孩子带来安全感，各方面发展都比较好。

男孩的成长需要有限制的空间

男孩来到这个世界，充满了好奇，他不断地探索与发现。因此，在养育男孩的过程中，妈妈要为他提供宽广的空间让他尽情地发挥创意，但由于男孩的行为极具破坏力，因此同时也要设定一定的限制，从而使他的人生旅途尽可能顺利、快乐地成长。比如，对于3岁的男孩就需要严格的限制他：不能独自在阳台上玩，这样才能将他置身于一个安全、可控的环境里。而一个青春期的男孩则需要更多的自由空间，这时候，你所设定的栅栏是：规定晚上什么时候必须回家。

这就是男孩，他们是蛇、蜗牛和小狗尾巴做成的。他们有着完全不同于女孩的个性和特征，对于他们的培养又必须遵循着不同的教育轨迹。不要奢望教育能够做到把他们重新编程，让男孩做回自己吧，妈妈的工作就是做一个好的领航者和培训师。

男孩更需要关爱

男孩总是充满自信、生机勃勃。他们喜欢集体生活，并善于根据自己的实力来估计自己在所处集体中的地位，更喜欢主宰、控制环境。

男孩会比女孩更早地走向独立。6个月大的男婴在面对困难的时候就已经开始试图通过自己的探索尝试解决问题的途径，而不是借助哭泣等手段。

男孩擅长抽象思维，具有很强的立体空间认知能力，4岁的男孩就已经擅长三维空间的游戏了。

男孩在数学方面也有很强的潜能，比女孩子更容易理解复杂的数学概念。自然科学也是男孩的长项。

男孩富有个性，他们喜欢张扬与众不同的做事方法，对自己的所作所为很有自豪感。

男孩擅长实践，所以他们总是把家里的东西搞坏，又突然间修好了许久不用的闹钟。

……

表面看起来，男孩子总是十分独立，他们坚强，个性十足，他们不希望妈妈天天陪在身边。事实上，科学家们经过研究证明，男孩更需要妈妈的呵护，因为在某些领域里，男孩的大脑比女孩的大脑发育速度慢，所以他们的情感比女孩更加脆弱，他们需要更多的关怀。缺乏足够的喂养、拥抱、依偎以及玩耍，会使孩子感到不安全、受冷落，抑制孩子的正常情感发育。小男孩需要得到更多的照顾，才能维持生存，产生"归属感"。如果他们感觉不到妈妈在身旁，就会产生极强的不安全感，进而会用哭闹来提醒妈妈。如果男孩长时间得不到妈妈的关爱，这种不安全感就会伴随他的一生。

　　然而，大多数的妈妈并不了解男孩的这种需求。男孩出生不久后，她们就会以"工作需要"为理由把孩子交给保姆来照顾；有时，为了保持身材，她们甚至拒绝用母乳喂养孩子……

　　事实上，妈妈的这些做法将极大地影响男孩的心理健康。当男婴在妈妈体内时，母子之间是通过脐带联系在一起的。当男孩出生之后，尽管他的身体已经脱离了母体，但他在心理上仍然认为自己与妈妈是一体的。在这个时候，如果妈妈对男孩撒手不管，那男孩就会产生极大的不安全感。

　　在日常生活中，常见到一些孩子的身高明显较同龄儿童矮小。出现这种情况，家长总认为是生理或遗传的原因。但医学研究证明，情绪不稳定、得不到足够的父母关爱，也是一个重要的原因，称之为"情感缺失性矮小"。

　　"情感缺失性矮小"是指孩子长期缺乏父母的爱抚，精神上受到压抑，致使生长发育障碍而出现的身材矮小。二战期间，德国、西班牙、朝鲜、越南等国失去双亲的孤儿，平均身高要比同年龄儿童矮几厘米。科学家们将一批受到精神压抑的孩子安置到和睦欢乐的环境中，让他们受到模拟亲人的爱抚和家庭的温暖，3个月后，约有95%的孩子生长停滞现象消除，身高明显增长，基本上接近其他同年龄儿童身高增长的水平。

科学家们认为，孩子长期生活在精神压抑、无人关心或经常挨打受骂、歧视冷漠的家庭环境中，可导致神经、体液、内分泌等功能紊乱，致使生长激素、甲状腺素等有助于长高的激素分泌减少，从而引起孩子的生长发育障碍而个子矮小。父母吵架、缺少亲人关爱等原因造成小儿的情绪障碍，如紧张、焦虑、抑郁等，不利于生长激素的正常分泌，不利于小儿生长发育，也会造成身材矮小。低年龄儿童受家庭环境的影响尤其明显，特别是母亲与孩子之间的稳定关系，是儿童成长中不可缺少的因素。这种关系一旦崩溃，儿童的长高就会受到损害。这样的孩子除身高较矮外，尚有智力发育较迟、多饮、多食、独语、多动、人际关系不协调等异常行为，应引起家长的重视。

因此，做妈妈的应充分关心和爱护孩子，使他得到足够的父母之爱，健康快乐的成长，这对孩子的生长发育是十分重要的。

当然，对于不同年龄段的儿子来说，表达爱的方式是不同的，但无论如何都要让儿子感受到你对他的爱。这样才有利于他的健康成长。

比如，儿子小的时候你可以无所顾忌地亲吻和拥抱他，但随着年龄的增长，即使他非常喜欢妈妈怀抱中的那种温暖，却也不会在公开场合再与妈妈表现出这种亲密行为了。这时，你可以换种方式来让儿子感觉到你对他的爱。比如：

当儿子坐在沙发上看电视时，紧挨着他坐下，让他感觉到妈妈与他的亲密；

当儿子准备睡觉时，抚摸一下他的头，让他感觉到妈妈的爱；

当儿子不知道该如何去做一件事情时，轻轻地拍拍他的肩膀，让他知道妈妈对他的支持；

……

对于已经长大的男孩来说，他很喜欢妈妈这种偶然间传达过来的爱意，这不但不会让男孩觉得难堪，而且还会使他感受到自己对妈妈来讲非常重要，让他感受到妈妈时刻都在关爱着他。这种"信号"会使男孩产生安全感和幸福感，同时也会极大地推进男孩与妈妈之间的关系。

美国现代教育家约翰·杜威说："做孩子永远的支持者，永远爱孩子，永远赏识你的孩子，而没有任何附加条件，这样才能让他真切地体会到父母的爱。"

让儿子知道，无论发生什么妈妈对他的爱都不会改变。妈妈随时都在关注着他的心情，始终会微笑地倾听他的话语，用平等的态度与他进行沟通。妈妈是男孩所接触到的第一个全心全意爱他的人，这份亲密的关系对他的一生影响重大。小男孩在不同阶段感到失落，如果妈妈对他的需求非常敏锐，并给他足够的回应，孩子与妈妈之间就会建立起一种内在的联系，产生一种安全感。这种安全感为男孩提供了一个不被批评，受保护的环境，让男孩自由表达他的内心世界，顺畅地表露情感，让他更了解自己，也更有效的与人沟通。

在妈妈的温情关怀下，儿子才会充满快乐与自信，勇敢面对人生路上的风风雨雨。

对儿子表达关爱的方式

除了每天让你的儿子感到快乐之外，你还应该通过以下方法让他明白，他在家里是非常重要的，妈妈是非常爱他的：

1. 花时间单独与你的儿子相处。外出吃午餐；带他一起悠闲地散步，让他知道你将他看成是独立的人。

2. 称赞儿子出色地完成了一项工作，培养儿子的自尊心和自信心，不要只看到结果。

3. 庆祝每一天所取得的成就。为你的儿子准备一份特别的晚餐，例如，加入学校足球队，在语文课上取得优，等等。

4. 教儿子用肯定的语气来描述事情。看到儿子进餐厅吃饭时的样子，你可以这么说："你看上去好像过了一段很愉快的时光。"

5. 即使时间已经很晚，而且你也已经很疲倦了，也要多读"一本书"。而且不要忘记为你的儿子念书，即使他自己已经知道如何读书了。这是儿子偎依母亲的最好时刻。

6. 将相册和儿子的小人书拿出来，告诉儿子他刚出世时的事情。

7. 让儿子回忆起某些他曾经教过你的事情。

8. 告诉他做他的妈妈是多么有趣的事情，并且告诉他你是多么喜欢看到他成长的过程。

9. 让你的儿子选择他自己的衣服。这表明你尊重他的决策能力。

10. 与你的孩子一起过家家：一起堆雪人，一起造泥人，等等。

11. 了解并知道他的时间表，以及他的朋友和老师。

12. 放下手中的事情，与儿子交谈，认真地听他所说的一切。

13. 教你的儿子玩游戏、溜溜球、编织，以及你小时候喜欢做的事情。或让你的儿子选择做一些你能一起学习的新的东西。

14. 打破常规。让你的儿子穿上他的长靴，在水坑里愉快地玩耍。这些事情通常你是不容许他做的。

15. 一起吃晚餐，即使只是一星期一次。轮流庆贺你们每一周的成就。

孩子也需要尊重

每个人都渴望得到别人的尊重，孩子也同样。一个孩子得到大人的尊重，长大后他也就会懂得该如何去尊重他人。尊重孩子是爱孩子的一个具体表现，也是正确爱孩子的一个重要内容。孩子最初的受人尊重的感觉是从父母那里得到的，尊重别人的意识也是在日常生活中经过多次训练、教育，不断强化而逐渐建立起来的。

美国密苏里大学一位专门研究儿童早期教育的教授列举了33种尊重孩子，28种不尊重孩子的表现和行为，测一测你在尊重孩子方面做得怎么样呢？

尊重孩子的表现与行为：

- 认真听取孩子想要告诉自己的事情。
- 再忙也要抽出时间和孩子在一起。
- 与孩子一同玩乐。
- 和孩子一起画画着色。
- 赏识孩子的才能。

孩子也需要尊重

- 放手让孩子自己去解决他们间的争吵。
- 喜欢听孩子最爱唱的歌。
- 对孩子做的事情表现出兴趣。
- 与孩子进行目光交流。
- 鼓励孩子要有自己的看法和观点。
- 允许孩子作出自己的选择。
- 尽量为孩子安排一个能与父母或某一方相协调的时间表。
- 允许孩子有自己的隐私。
- 通过语言或行动对孩子与众不同的出色表现作出反应。
- 称呼孩子的名字。
- 知道该如何去表达"不"。
- 鼓励孩子有独立性。
- 回答孩子提出的各种问题。
- 让孩子把话说完而不将其打断。
- 尊重孩子选择朋友和活动的权利。
- 允许孩子犯错误。
- 意识到孩子有其个性。
- 与孩子打交道有灵活性。
- 允许孩子有不同甚至反对的意见。
- 爱惜孩子的东西。
- 给孩子转变过渡的时间。
- 倾听孩子的问题，并认识到该问题会给孩子的心理造成怎样的压力。
- 与孩子平等交谈。

- 让每一个孩子都有交流发言的机会。
- 征求孩子对某个问题的解决办法。
- 尊重孩子的观点和看法。
- 不忘记玩耍娱乐对每一个孩子都是必不可少的。
- 不浪费孩子的时间。

不尊重孩子的表现与行动：

- 不重视孩子的看法和观点。
- 不理会孩子认为急需要引起自己注意的问题。
- 过多占用孩子的时间。
- 把孩子单独撇下来不管。
- 没有停下手中的事情去专门倾听孩子要对自己说的事。
- 用不耐烦的口吻回答孩子的提问。
- 使用与婴儿说话的腔调与幼儿交谈。
- 自己心里有事，借骂孩子来出气。
- 打断孩子间的交谈。
- 为赶时间而中断孩子正在进行的活动。
- 忘了履行自己许过的诺言。
- 代替孩子回答客人提出的种种问题。
- 虽然花了时间和孩子在一起玩，但却没有投入感情。
- 举止显得很不耐烦。
- 挖苦嘲笑孩子。
- 对孩子大声嚷嚷。
- 采用体罚方式使孩子陷于一种难受的处境。
- 对孩子寄予过高的期望。

- 常催促孩子。
- 没有处理好自己的感情问题,没有爱惜自己的身体。
- 辱骂孩子是"笨蛋"。
- 当孩子的需要与自己的时间安排产生冲突时,显得很恼火。
- 老是看到孩子的缺点。
- 忽略了孩子的情感。
- 偷偷地走近一个正在做着错事的孩子身旁。
- 冷落孩子。
- 不给孩子机会解释他的朋友为什么受伤,是怎样受伤的,或者事情发生的经过。
- 阻止孩子做他们真心喜欢做的事情。

父母对孩子的尊重可使他们形成自尊心。孩子健全的个性是在自信和自尊的条件下建立的。尊重是教育成功的前提。只有尊重孩子才能正确地认识孩子。

尊重孩子的基本权利

随着社会的进步,尊重儿童权利的问题日益受到人们的重视。1959年联合国大会首次通过了《儿童权利宣言》,1989年又通过了《儿童权利公约》,明确规定了儿童的生存权、发展权、受保护权和参与权。《儿童权利公约》说:每个孩子都需要爱和安全。每个孩子都应该有足够的食物,安全的饮用水和上学的机会,这样我们才能够身心健康地成长。每个孩子都有说话的权利;每个孩子都有表达自己想法的权利;每个孩子也都有玩的权利。

尊重孩子成长发展的自然规律

儿童的发展过程是一个自然的进程，无论是孩子的生理还是心理发展，均有其自身发展的内在规律。然而，每一位父母都希望自己的孩子将来学习好、工作好、生活好。受此心愿的驱使，我们越来越急切地想让孩子提前学习各种文化知识，以便他们将来进入小学后，学得更好一点，更轻松一点，将来走得更顺利一些。但是，如果违背了孩子发展的自然规律，往往会把事情弄得很糟，这样不仅达不到父母的预期效果，还会影响孩子的正常发展。

华东师范大学学前儿童学习负担研究课题调查结果显示：上海市儿童梦呓、磨牙、夜惊、梦游，五岁以上孩子遗尿等睡眠障碍的发生率高达46.97％，其中一个重要原因就是学习压力过大。孩子过早进入学习阶段，免不了会遭遇种种困境与失败，而不少父母只是一味地批评、责骂孩子，却很少检讨自己的心态和行为。父母在急于求成的心理驱使下，往往只能接受孩子的成功，不能接受孩子的失败。在这种状况下，尊重孩子就更谈不上了。教育家卢梭说过：大自然希望儿童在成人以前，就要像儿童的样子。如果我们打乱这个次序，就会造成一些果实早熟，它们长得既不丰满也不甜美，而且很快就会腐烂。就是说，我们将造就一些年纪轻轻的博士和老态龙钟的儿童。其实，孩子们需要的是自然发展的时间表，父母应让他们逐个地、循序渐进地走完每一个发展阶段。

尊重孩子的兴趣

"兴趣是最好的老师"，然而现实中，更多的父母往往以过来人的身份替孩子做某种选择，逼孩子学画，逼孩子上各种学习班……并美其名曰为孩子负责。这样成长的孩子根本体验不到快乐。只有尊重孩子的意愿，尊重孩子的兴趣，才能激发孩子的积极性、主动性。

尊重孩子的独立人格和自我意识

孩子在两三岁时，其自我意识逐渐形成，他们会提出我自己来我自己做的要求，并跃跃欲试地尝试着做每一件事，这是孩子心理发展到一定阶段的正常现象。可是许多父母生怕他们做不好，总是包办代替，从而剥夺了孩子学习与锻炼的机会。当孩子到时候什么也不会做或什么也做不好时，却又受到父母的指责与埋怨，这对孩子来说是不公平的。作为父母应随着孩子年龄的增长和独立意识的增强，通过各种方式以实际行动给予支持，如对孩子表示信任、让孩子拥有独立的空间、给孩子支配时间的自主权、尊重孩子的选择、善待孩子的朋友，等等。

保护孩子的自尊心

心理学家认为，自尊是一种精神需要，是人格的内核。维护自尊是人的本能与天性。孩子的自尊心是他们成长的动力。保护好孩子的自尊心，增强他们的自信心，这是做合格父母的责任。父母应懂得孩子的自尊心是他们一生做人的资本，不能伤害与践踏它。

尊重孩子的个体差异

世界上找不到两片完全一样的叶子，同样也找不到两个完全一样的人。美国一位发展心理学家提出的多元智能理论中，把人的智能大体划分为七种类型：语言智能、数学智能、音乐智能、美术智能也叫空间视觉智能、运动智能、人际智能、内在智能。每个人都具有这七种智能，但由于各种原因的影响每个人所表现出的智能优势不同，可以说各有所短，各有所长。

作为妈妈不能只把目光集中在语言智能和数学智能的培养上。而应该尊重孩子的个性表现，发现孩子具有某方面的智能优势，要为他创造机会使这种优势智能得到最大化，对待弱势智能，要扬长避短，以优势智能带动弱势智能，而不是扬长避短。尊重孩子才能更客观地了解孩子，才能使教育做到有的放矢。

尊重孩子犯错误的权利

每个孩子都会犯错误，这并不是他所享有的"特权"，而是他的生理和心理发展未成熟所致。作为妈妈不可以陷入一次次的说教中，而要深入了解孩子，从他行为的本身出发，尊重孩子的人格和权利。如果每个孩子有一个成长的轨道，那他们每个人都处在错误的边缘，妈妈要做的就是把他引向正确的轨道，而不是粗野地用批评去挫伤孩子幼小的心灵。

给孩子一定的自由空间

孩子除了吃好穿好的需要外，还有渴望得到尊重、渴望独立自主、渴望自由创造的需要。尊重孩子，就要把自由和独立还给孩子，让孩子自主选择自由探索。这些需要的满足，才能使孩子感到真正的快乐和幸福。孩子在最初的几年里是用身体、用活动、用游戏去感觉世界和认识自己的，而不少父母总是以自己的愿望和感受来替代孩子的主观需求，用各种各样的学习安排把孩子活动的时间和空间都占据了，这对孩子的发展十分有害。

受父母支配太多、指责太多的孩子，通常自我激励能力很弱，创造能力和想象力的发展受到压制，好奇心也受到打击，很难发现自我价值。同时，孩子由于过早地承受太多的学习压力，从而早早地失去了童年的乐趣，没有正常孩子那样的欢乐，这将影响他们的社交能力和其他各种能力的发展及心理发育。

当然，尊重孩子并不是一味地顺从孩子，而应追求尊重与要求的和谐统一。作为妈妈，要放下架子，把自己放在与孩子平等的位置上，努力寻求与孩子心理上的沟通与默契。爱孩子，尊重孩子，使他从中感受到妈妈的爱和自身的价值，并由此学会尊重妈妈、尊重他人。

看美国人如何尊重孩子

在美国，家长们认为，除营养和知识以外，孩子们更需要的是尊重。因为他们从出生那天起就是一个独立的个体，有着自己的意愿和人性。无论是父母、老师还是亲友都没有特权去支配和限制他们的行为，大多数情况下长辈不会代替孩子做出选择，而要让孩子感到自己能主宰自己。

不"人前教子"

不少中国家长喜欢"人前教子"，常在别人面前指责、训斥自己的孩子不争气、是笨蛋、没出息等。而在美国，家长们认为这是一种犯罪，因为对孩子当众的指责极大地伤害了孩子的自尊心。他们信奉英国教育家洛克的一句话："父母不宜扬子女的过错，则子女对自己的名誉就愈看重，他们觉得自己是有名誉的人，因而会更小心地维护别人对自己的好评；若是当众宣布他们的过失，使其无地自容，他们愈会觉得自己的名誉已经受到了打击，设法维护别人对自己好评的心思也就愈淡薄。"因此，有损孩子自尊的"人前教子"是绝对不可取的。

尊重孩子的劳动

为了让孩子理解生活的艰辛和劳动后所得到的快乐，美国家长很少会白给孩子"零花钱"，多是让孩子以劳动的方式挣取。当孩子需要父母的资助时，美国家长宁可为孩子提供劳动的机会，让他们自己去获得"工资"以支付开支,也不会轻易地从自己的腰包里拿出钱给孩子。正因为能从劳动中体验到收获的快乐,所以美国的孩子从不厌倦参加劳动。

不高高在上地讲话

在任何情况下和孩子讲话,美国家长从不高高在上,而是平等地与孩子交流。孩子不肯吃饭时,美国家长从不硬逼,他们不会命令孩子说:"快吃!"而多数是像这样婉转地说:"你看萝卜馅饼在等着你,你不吃它,它有点不高兴了。"孩子做错了事,家长绝不动辄指责孩子,而是说:"我想你不是有意的,下次就不会这样做了。"如果孩子要换衣服,他们也很少以命令的口吻说:"穿上这件白的。"而是以商量的口气说:"穿上这件是不是会更好一些呢?"

让孩子自己选择

美国家长很重视给孩子选择的权利,即使是一些小事。如带孩子外出串门时,如果主人拿出什么东西给孩子,美国家长不会像大多数中国家长那样,提早替孩子回答"他不吃"、"他不要"、"他吃过了"、"他不爱吃"等,而是由孩子做主要还是不要。当孩子稍微表示出自己想要的意思时,更不会遭到家长的呵斥。他们认为,孩子想要什么或者想吃什么本身并没有错,这是孩子天然的需求,任何人都没有理由去指责。当然,这并不意味着孩子的需要一概满足,对于主人没有主动提供的东西而孩子又想要,家长一般会在适当的时候做出解释和说明,告诉孩子为什么有些东西不能要或不能吃。比如,当孩子想要主人家珍贵的玩物时,家长就会告诉孩子每个人都有自己喜爱的东西,我们不能因为自己的需求而不顾别人的感受,从而教孩子明白为人处事的道理。

做儿子喜欢的妈妈

加拿大的儿童教育专家对全国各地 120 余所幼儿园中 2000 余名儿童做了一次专题调查。调查的中心是：你不喜欢妈妈有哪些表现？统计结果显示，有 8 种妈妈最不受孩子们的欢迎。

只顾自己玩的妈妈

做妈妈的只顾自己出去玩，既不顾家，也不顾孩子。常常都是晚上玩得很晚才回家，而孩子此时已经睡着了，孩子无法感受到来自妈妈的爱。

这类妈妈称得上是"自私妈妈"，缺乏对孩子的责任感。专家建议，妈妈应该投入至少 70% 的精力和 50% 的空余时间在孩子身上。

过于肥胖的妈妈

儿童比成人更看重一个人的外表，对自己最亲爱的母亲自然更是如此。其中的部分原因可能是他们对"心灵美比外貌美更重要"

的抽象理论还难以理解。为了自己的健康，也为了"美化"自己在孩子心目中的形象，过于肥胖的母亲应该注意节食、加强运动和适当减肥，并关注自己的衣着服饰。

只想着爸爸的妈妈

幼年期的儿童大多十分敏感，常常会把妈妈视作"私有财产"，而不许自己以外的人，甚至包括爸爸"分享"。对于爱"吃醋"的孩子，妈妈理应有意识地作出种种表现或暗示，让他增加"妈妈确实最爱他"的自信。同时当爸爸的也应大度地适当退出妈妈视线的焦点，以便让宝宝更有安全感。

过于严厉的妈妈

妈妈的完美主义对孩子心理的最大危害是：渐渐剥夺了他们的自信。孩子都需要自我肯定，特别对原本就较自卑的孩子来说，自我肯定无疑更为重要。有的孩子之所以变得越来越自卑，正是妈妈以完美主义的态度作出了过高的要求，由此孩子便可能时时处处被包围在批评、埋怨之中难以自拔，长此下去自信便可能遗憾地丧失殆尽。最后当他每每开始做一件事时，他在潜意识中往往会对自己作出否定。

做妈妈的要认识到,任何孩子都不可能是样样都棒的"全才"。要是你的孩子在绘画方面不如别的孩子，大可不必为此而忧心忡忡，因为他完全有可能在其他方面胜过别的孩子。

爱体罚的妈妈

体罚可能会成功地强迫孩子服从妈妈的意志，但这只是暂时的、局部的，带来的问题远比解决的问题要多得多。因体罚而导致孩子的逆反心理和逆反行为一般在几周后即会显现出来，其中包括：经常撒谎，偷盗，爱欺负弱小同学，难以与小伙伴友好相处，缺乏同情心，不服从教师教导，有时可能极度自卑，等等。在2年后则可能发展至斗殴、抢劫、闹事等更为激烈的暴力行为甚至反社会倾向，并增加成为小流氓、小霸王的危险。

不尊重孩子的朋友的妈妈

妈妈是孩子步入社会最早的引路人，在孩子面前必须注意一言一行！尊重孩子的朋友本身就意味着对孩子的尊重。而让孩子在你以身作则的指引下学会尊重他人，是他宝贵的人生财富。任何孩子都有这样那样的毛病或缺点。就让孩子自由地选择他的朋友吧，不必杞人忧天地担心孩子会被"带坏"。

说话不算数的妈妈

这样的妈妈缺失的是诚信。诚信并非与生俱来，而是后天培养的。其实，"诚信教育"往往始于牙牙学语之时，而且贯穿于整个童年时期。在孩子刚刚懂事时起就应帮助他们在心中树立起"以诚信为本"。遗憾的是，屡屡"说得到做不到"的妈妈，为孩子提供的恰恰是反面教材，造成的负面影响可想而知。

不好玩的妈妈

孩子想从自己最亲近的妈妈那里模仿、了解很多事情，以满足自己天然的好奇心和求知欲；他们更希望能和妈妈拥有相同的兴趣和爱好。如果妈妈对孩子的爱好一窍不通，总是一问三不知，甚至不以为然，孩子自然会感到很失望很沮丧。同时这对孩子早期语言能力的培养和发展也有负面影响。对幼儿来说，完全没有必要强迫他多多读书。其实在玩这样的年龄段，理应通过多玩来发展多方面的兴趣，因为玩实际上也是学习，而且是一种提升智力的极好学习。此外不妨有意识地培养和孩子相同或相似的兴趣爱好，并熟悉孩子特有的心理和语言，尽可能抽时间多和孩子一起玩，和孩子多作语言交流。长此下去，孩子自然会认为你是很"好玩"的。

那么，什么样的妈妈才能赢得儿子的喜爱呢？

有事业心的妈妈

有事业心的妈妈用自己的双肩，支撑自己的家庭的同时，又十分出色地在各行各业中发挥着作用。她们用自己的行动给予了孩子一个支撑生命的支点，让孩子懂得什么叫自尊；用自己平凡而勤恳的人生，告诉孩子生命的价值在哪里，一个人该怎样生活在这个世界上。正是从这样的妈妈身上，孩子们才懂得了什么是"自强不息"，什么是"敬业"、"进取"。

充满爱的妈妈

妈妈应多亲近孩子，通过肌肤接触进行情感培育，温暖愉快，情感得到满足，建立相依情感，让孩子感到可亲可爱。

儿童心理治疗专家指出，孩子，尤其是幼童，最怕的是出自父母之口的冷嘲热讽。他们很难理解，和自己最亲近的父母怎会说出这种表面是表扬而实质是贬损的"双关话"，即使你说这些话时还带有些许幽默感……

知识丰富的妈妈

男孩子大多活蹦乱跳，爱好广泛，这是他们强烈的好奇心和求知欲使然。能正确、耐心解答孩子提出的问题，不会可以查阅书或询问别人给予解答的妈妈才会得到孩子的信赖和喜欢。

了解并能满足孩子需求的妈妈

孩子在成长中有物质需要和精神需要。妈妈了解孩子，与幼儿进行心灵沟通。能及时满足孩子的正常需求。美国全国家长协会指出：父母对子女的成功起着非常重要的影响作用，经常与子女沟通并提供给他们信息与行为准则，能获得子女的信任。

讲究教育方法的妈妈

现代教育心理学认为，惩罚包括间接的和直接的批评。给孩子使个眼色、对他的行动加以限制、扣留他喜欢的东西、没收他的玩具，甚至在吃饭时减少他爱吃的菜肴或者让他穿一件旧衣服等都是惩罚的手段与方式。教育孩子的正确方式是循循诱导，使孩子明白应该怎么做？为什么这样做？只有尊重孩子，让家庭充满民主、平等的气氛才有利于孩子的成长。

言行一致的妈妈

妈妈要言行一致，表里如一，不要轻易承诺孩子的要求，但凡答应孩子的要求，一定要及时兑现。妈妈随便说出来的一句话都会对孩子小小的心灵产生重大的影响。因此，妈妈在与儿子沟通的过程中，一定要注意语言，信守承诺。

与孩子一起劳动、游戏的妈妈

孩子非常希望能与妈妈一起活动。给孩子机会，培养孩子的劳动习惯与生活自理能力，都需要妈妈的带动和以身作则。美国贝鲁奇学院纽索拉博士的一项研究发现，凡坚持每次持续20分钟跑步、做健美操的学生，其学习成绩明显优于那些懒于活动者。他强调，锻炼能使大脑处于最初的活动或放松状态，想象力会从各种思维的束缚中解脱出来，变得更加机敏，更富于创造力……

然而，现在的生活、工作节奏异常忙碌，很多妈妈都感觉自己没有时间与儿子交流。没有时间去陪伴儿子，其实，疼爱儿子，让儿子感受到来自妈妈的爱并不需要太多的时间，你的一个眼神、一个动作、一句简短的话语都可以在瞬间让儿子获得妈妈的爱。给儿子一分钟，你就会得到儿子的一片世界，只需要花一分钟，你的心中就会充满幸福与喜悦！

●用一分钟的时间来抱抱儿子或亲亲儿子的小脸蛋；

●用一分钟的时间来低下头来逗逗儿子，学学儿子的发音；

●用一分钟的时间来在地板上与儿子一起爬，一起疯，拉着他的手鼓励他迈步；

●用一分钟的时间来回答孩子海阔天空的提问并及时表扬他善于动脑筋，你也可以引导他在书中寻找答案，去探索更辽阔的知识海洋。

●替孩子设立一个他可以在一分钟内记住也有可能达到的目

标，比如今天开始学习自己穿袜子，或者自己学会用小便盆。

●用一分钟的时间对儿子的进步给予表扬。在表扬孩子时，要认真地看着孩子，或蹲下身子抚摸着孩子的脸；表情要高兴快乐；声音要清晰；让儿子享受表扬所带来的快乐。

●用一分钟的时间来惩罚儿子。要威严地看着孩子的眼睛，告诉他这是一种不好的行为；明确表示自己不喜欢这种行为；让儿子感受到妈妈对此多么不开心；让儿子反思。

●用一分钟的时间来抚慰被惩罚的儿子。如果孩子受到惩罚之后，妈妈没有及时进行"一分钟抚慰"，孩子就会产生恐惧心理，而且有可能一次次加重，与妈妈之间的纽带就会日渐松懈，久而久之，就会产生逆反心理。

哥伦比亚《时代报》在母亲节之际，介绍了专家为妇女如何负担起妈妈这个艰难而神圣的职责提出的十大"玉律"：

1. 创造自己的空间：女人在生孩子之后往往将全身心倾注在孩子的养育上而忘了自己。因此专家建议妈妈们给自己留一片天空，出去看看电影、喝喝茶或干点自己喜欢的事情，因为妈妈是家里的"精神营养"，如果自己"营养不良"，就无法贡献更多。

2. 与丈夫保持良好关系：交流、善于理财与和谐性生活是保持良好夫妻关系的关键。此外夫妻还要多花时间在一起，就如何养育和照顾孩子达成协议。父母之间的冲突会影响孩子健康成长。

3. 陪伴孩子：父母每天都应该抽出一定时间陪伴孩子，建议每天至少花半小时与孩子一起玩耍，不是在室内，而是在室外，这样有助于提高孩子的社交能力。妈妈的陪伴尤为重要，会带给孩子爱、温柔、耐心和负责任的感觉。

4. 允许孩子自立：妈妈给予孩子的应该是心理上的支持，而不是随时随地地陪伴。"好母亲"应该相信孩子的自主决策或至少是参与决策的能力，鼓励他们建立自信心。

5. 以身作则：与孩子互相尊重并且将这一概念融入教育过程中。制定家庭法规但并不拒绝孩子的合理要求，不要求孩子事事完美，在他做对时真心祝贺，做错事时耐心教育而不惩罚。

6. 母乳喂养：这是与孩子进行爱心交流和建立感情的最佳方式。如果有条件，至少在婴儿诞生后半年内保证母乳喂养。

7. 创造安全的环境：父母应该为孩子创造安全舒适的环境，而不是让孩子来适应环境。

8. 照顾自己：好妈妈应该懂得照顾自己。不少妇女总是忽略对自己身体的照顾，应该及时做好自我检查，防止罹患严重疾病。

9. 渴望并计划好做母亲：应该怀着满腔的爱去承担妈妈的责任，养育孩子应该是深思熟虑的决定。当妈妈应做好身心准备，而不是具备身体条件和经济基础就行了。

10. 肯定自我价值：女人爱自己并肯定自己的价值，才能够得到别人的尊重和维护自己的权利。

教育儿子的法宝

父母是儿子一生中最重要的教育者

0～6岁是孩子品质及良好习惯形成的关键时期。幼儿生命的最初两年，是与父母建立牢固情感纽带的关键期，是幼儿未来心理成长并与他人建立信任和爱的关系的基础。所有关于生命知识的50%，是在生命的第一年学习的，生命的第二年，学习25%，这里的生命知识主要是指爱的能力和情感的发展。

想要改变儿子的行为，父母应先改变自己

教育孩子就是教育自己的一个过程，孩子的不良行为，往往是从环境或父母那儿直接传授下来的。树立榜样来教育是发展孩子道德行为的最可靠的办法。

享受儿子带来的快乐

养育孩子的过程是非常辛苦的，但同时也是快乐的。正是由

于孩子使父母的生活变得伟大，使父母亲变得更有理解力，使生活有了希望。所以，做妈妈的不要去抱怨自己的辛苦，而要用心去发现和享受孩子带来的快乐！

通过游戏来教育儿子

孩子是通过接触具体的、仿真的与生活有关的东西来学习的。这一学习的过程需要与同伴、成人和环境的互动交流。游戏可以使孩子放松且发展专注的工作态度。因此，做妈妈的不要对儿子过早地开始进行字母、数字等符号的专门练习，这样会限制孩子的思维，因为孩子的心智还没成熟，对抽象的概念还无法理解，而是要多陪儿子做游戏，从游戏中教儿子知识，培养儿子的能力。

每天抽时间跟孩子单独相处

每个孩子都需要从父母那里得到足够的重视。在每天工作之余，做妈妈的一定要腾出一些时间参加孩子的游戏。要为孩子提供各种各样的经历，尽可能让孩子接触到各类东西。父母就是孩子的倾听者、支持者、精神的陪伴者，当孩子遇到挫折时，应尊重孩子的感受，以超脱且同情的态度陪伴在孩子的身边。

培养儿子的灵性品质远远比智力开发重要

灵是树，心智是果；灵是灯，心智是光。人的智力是灵性品质的反射。如果只注重技能的培养（如各种五花八门的早期智力开发兴趣班），而忽视孩子精神品质的培养，只能是本末倒置，孩子长大成人后，他们的人格就会有缺陷，道德发展就会受到阻碍。

随时倾听儿子的心声

不论孩子提出的问题是大还是小,妈妈都要尽可能找时间立即去倾听他所说的话,而不要让孩子等你有了空闲时间再说。与孩子说话,为妈妈提供了一次了解和教导孩子的机会。立即倾听孩子的谈话,有助于赢得孩子的信任,这样孩子才愿意把所有的事都告诉妈妈。而对妈妈来讲,了解孩子头脑里想的是什么,也是一件很重要的事情。因此,当孩子与我们谈话时,妈妈要尽可能地立即与他交谈。这样孩子也可以感受到自己对妈妈是多么的重要,从而把更多的心里话告诉妈妈。

对儿子进行必要的管束

管束孩子是告诉他们行为的标准,即什么样的事情可以去做,什么样的事情不能做。当孩子犯了错误,不得不进行管束的时候,一定要有权威性。让孩子知道你是严肃的,而且你提的要求是将伴随惩罚或奖赏的。合理地限制孩子可以培养孩子的纪律观念,当然,对孩子的管束必须是负责任的,而且要告诉孩子你提出要求的原因。父母在管束孩子时必须保持一致,这样才可以建立统一的行为标准。

给儿子一定的权利

随着孩子的成长,给他越来越多的自由和生活的权利很重要。妈妈必须有意识地克制自己的那种什么事都为孩子做的想法,给孩子一定的自由,向孩子表明来自妈妈的信任和尊重,这样孩子才会更加尊重父母,爱父母。

比如"睡觉时间到了，你是要听昨天的故事呢，还是想听一个新的故事？""你今天是想穿粉红色的上衣，还是蓝色的T恤？"做选择并让孩子负责任都是日常的行为，对于发展孩子的自我价值观至关重要。

多用正面的语言说话

传统型的教育者总是爱对孩子说"不准打人，不准在沙发上吃东西"等，这种负面的口气只会将注意力引向并集中于负面的行为；而孩子仍然不知道好的行为是什么，自己应该做什么。积极的说法是用美德来修正孩子的行为，如"你忘记了与人和平相处"或"我们是在餐桌上吃东西的！"从而将孩子引向积极的一面。

妈妈应避免的教育误区

威胁孩子

典型说法:"如果你不按我的要求去做,我就不喜欢你。"

妈妈的想法:孩子为什么不听我们的话?大人都是为了他们好,于是,在此情形下,尤其是当妈妈的就使出自认为是"杀手锏"的招数:"妈妈以后就不喜欢你。"

心理学家:发誓不再喜欢自己心爱的小宝宝,算是一种最严厉的管教方式,实践证明也是一种不起作用的威胁。孩子们灵性很高,会感觉到这种威胁是假的。而且,孩子被大人欺骗了一次,不信任的阴影会长久地留下来,父母在他们的心目中就成了说谎者。因此,应当换一个效果好的说法:"妈妈是喜欢你的,但是,你现在的行为妈妈不喜欢。"

放任孩子

典型做法:孩子想干吗就干吗,不必多管。

妈妈的想法：对孩子干吗要那么紧张？孩子自己应当学会解决自己的问题，他们迟早要过大人的生活，那就让他们尽早独立起来吧！

心理学家：任何时候也不要让孩子们觉得，你对他们的行为无所谓。一旦发觉你们无所谓的态度，他们就会马上来验证这是不是真的。于是就开始模仿坏的行为，看看会不会因此招致批评。这种后果是很糟糕的。正确的做法是抛弃这种无所谓的态度，即使孩子的行为你们很不满意，也要与他们建立起友好的关系。碰到这种情况比较恰当的做法是告诉孩子："我们在这个问题上的意见截然相反。但是我想帮助你，因为我喜欢你。你可以在任何需要帮助的时候来找我出主意。"

用于亲子交流的时间太少

典型做法：对不起，妈妈没有时间陪你玩。

妈妈的想法：我们的工作任务繁重，孩子上学、放学要接送，回家还要做饭、洗衣、买各种必需品，哪有时间来陪孩子玩耍和读书？

心理学家：大人常常会忘记一个简单的道理——既然把孩子生下来了，那就应该为他们挤出时间。如果孩子们经常听到父母没有时间照顾自己，自然就会发生感情转移。建议工作繁忙的父母，哪怕是晚上也要尽可能抽出半个小时，坐在孩子床上，陪他说说话，讲个故事，或者读读书，与孩子交流时间的长短本身不重要，重要的是交流本身的质量。

过分苛刻严厉

典型说法：在家里我说了算，你应该听我的。

妈妈的想法：孩子应该无条件听大人的话，并认为这是教育中最重要的原则，也是无须讨论的问题。不论是多大的孩子，都不能纵容他们，否则他们就会对大人为所欲为。

心理学家：过分苛严管教往往难以让孩子们理解和接受，关键是要让孩子明白大人要求这样做的道理。否则，就会出现大人在场百依百顺、规规矩矩，大人一转身就闹翻了天。正确的做法是树立信任优于苛严的观念，必要时可以对孩子这样讲："你现在先按我说的做，晚上我们找时间，再来心平气和地讨论为什么这样做的道理。"

不给孩子独立的机会

典型做法：我的宝宝永远是我的好朋友。

妈妈的想法：孩子是我们生活中的主要组成部分，他是那么乖巧，可以与他无话不谈，他简直就像成人一样能够理解我们。

心理学家：孩子为取悦父母可以做任何事情，因为爸爸、妈妈对他们来说是世界上最亲近的人，为此小家伙甚至能够放弃与同龄人玩耍的乐趣而卷入成年人的复杂世界。因此他们自身的问题却总是悬而未决。

金钱至上

典型做法：投入的钱越多，接受的教育就越好。

妈妈的想法：因为我们的经济状况很拮据，没有能力来娇惯自己的孩子，不得不经常拒绝他们的要求，甚至他们的穿着都是旧衣服。总之，似乎只要我们有了更多的钱，就能够成为幸福的父母。

　　心理学家：爱是金钱买不到的，这听起来像是老生常谈，可现实确实如此。生活中高收入家庭的大人试图努力来满足孩子的一切愿望，但低收入的父母不必为不能满足孩子的所有愿望而受到良心的折磨。实际上，温情、关爱、一起玩耍、相互沟通对孩子来说比鼓囊囊的钱包更重要。需要澄清的是，能够让孩子感到幸福的绝非金钱，而是他感觉到他对你们是最重要的。

娇惯孩子

　　典型想法：孩子还小做不了，我来帮助他。

　　妈妈的想法：孩子应该得到最好的东西，童年是短暂的，因此要让它成为美好的，不应该让童年充满道德说教、出现失败和不满意，我们要尽力让孩子摆脱困境和不愉快。于是大人就这样乐此不疲地去揣测并满足孩子的所有愿望。

　　心理学家：被娇惯的孩子很难适应生活。被父母视为掌上明珠的孩子，将来在生活中会出现一系列的问题。尽管父母为孩子做到了面面俱到，但孩子们却并不感到幸福，相反，孩子们会感到孤立无援。明智的做法是对孩子说："试试自己做吧，如果做不好，我们会很乐意帮你的。"

望子成龙

　　典型做法：我的孩子将来要学音乐（或打网球、绘画），我不能让他错过这些机会。

　　妈妈的想法：我们这辈人许多在童年就幻想过跳芭蕾、弹钢琴、或者打网球,但没有机会。现在有了条件,我们就要让他们接受最好的教育。至于孩子现在是不是喜欢没关系,今后等他们长大了,就会懂得大人们努力的初衷。

心理学家:遗憾的是,孩子们不一定懂得父母努力的良苦用心。大人们在自己想象中勾勒的美好前景往往被孩子们的抵触情绪所打破。孩子小时还可以听大人的,当他逐渐长大后,就有冲破父母感情牢笼的愿望和抗议行动,甚至闹得不可开交。明智的父母在给孩子安排必要和有用的功课的同时,要留出时间给孩子处理自己的事情。

受情绪左右

典型做法:行不行,这要取决于情绪。

妈妈的想法:工作上的不顺心、家庭关系不和,大人们随时有可能把这种情绪发泄到孩子们头上,并认为这无关紧要,只要随后请孩子吃一顿或者给他买许诺了很久的玩具,就足够能把孩子哄高兴了。

心理学家:父母应该让孩子明白,父母会为他们的良好行为感到高兴,也会为他们的不良行为而失望,这有助于孩子们树立坚定的人生价值观。而大人们出于自私的念头和受情绪的影响,今天允许这样,明天又不允许,这会给孩子造成错觉,认为他所做的一切无所谓正确与否,关键是父母的情绪。如果情绪失控的习惯改不了,应当事先跟孩子打招呼:"我情绪好的时候,你不能为所欲为;当我情绪坏的时候,请你能够宽恕我。"

缺乏温情

典型做法：亲吻和诸如此类温情脉脉的东西对孩子似乎不那么重要。

妈妈的想法：对孩子爱抚、拥抱、亲吻，这些没有时间也没有必要。甚至还担心童年时的温情会影响孩子长大后的性倾向。主张不要什么拥抱和亲吻，与之相比还有更实在和更严肃的事情可做。

心理学家：不同年龄层的孩子都渴望温情，它有助于孩子们意识到自己被关爱，增强自信心。但要注意分寸和场合，过分强加的关爱可能会把孩子们吓跑。

重视对男孩的性别教育

男孩喜欢竞争，在竞争环境中他会觉得兴奋。

男孩愿意接受挑战，甚至有不为任何理由就去冒险的倾向。

男孩体内的睾丸素使男孩更具攻击性，心理学家称之为"有攻击性的小机器"。

男孩在运动能力方面的爆发力、动作速度和猛烈程度远远超过女孩。

男孩总是在座位上坐不住，即使正在上课，他们也会不时地望望窗外，或者偶尔碰一碰旁边的同学；

男孩喜欢用暴力解决问题，男孩与男孩之间出现了矛盾，他们会用力气和拳头来决定谁对谁错；

……

对于大多数的男孩家长来说，儿子的成长历程就像是一部惊险的探险电影，说不定哪个时刻，他们就会因为探险而受伤；也说不定哪个时刻，他们就会给我们惹出一些小祸端……

然而，在现实生活中还是会有那么多的男孩出现"娘娘腔"

问题。一位心理学家对一所小学的男生的基本情况进行了调查，调查的结果令他大吃一惊：这所小学中将近 1/10 的男生都有"娘娘腔"倾向。也就是说，每 10 个男生中就会出现一个有"娘娘腔"倾向的男生。

现在的男孩到底怎么了？难道 Y 染色体集体"罢工"，不肯再为男孩设计未来蓝图了？心理学家经过仔细研究和分析，得出了这样一个结论：男孩出现"娘娘腔"现象除了与他们的成长环境有关外，还与父母不科学的教育方式有很大的关系。

错误的性别塑造

心理学研究表明，儿童性别确认的关键时期是出生后 18 个月到 3 岁之间，这段时期家长的教育会促使他们性别意识的形成。但由于这一时期的孩子不具备反省认知的能力，他们并不懂得进行性别的自我塑造，因此，如果父母采用错误的性别塑造，如把男孩当成女孩来养，就很容易给男孩带来负面影响，使他们对自己的性别产生错误的认同。

父母的"包办"和溺爱

男孩与女孩认识世界的方式是截然不同的，女孩常常会通过她们敏锐的感觉来认识周围的世界，而男孩则是通过他们的冒险行为去认识世界的。如果父母对男孩太过溺爱，每当男孩通过冒险去探索世界时，父母就会心疼地提醒他们：儿子，不要，那太危险！这样下去，男孩通过冒险和动手来认识世界的特性就会消失，从此变得有些"娘娘腔"倾向。

父亲角色缺失

男孩是通过模仿来完成自己的性别认同的，如果从小时候开始，一直都是妈妈或者阿姨在他们的身边打转，由于缺少男性榜样，他们自然而然地就会模仿身边这些女性的行为。随着年龄的增长，男孩的性别认同会渐渐定型，这样，即使男孩在幼儿园或学校会接触到其他男孩，他们女性化的行为也不会轻易发生改变。

通常而言，孩子的性别认同发展有3个阶梯：

第一阶梯：3岁前对性别的理解只是外部特征层面

3岁前的孩子就能够很响亮的说出自己的性别，但他们对性别的理解只是外部特征层面的。开始时，孩子会好奇的问妈妈，自己是男生还是女生；是和妈妈一样，还是和爸爸一样。逐渐地，他们学会从发型、衣着上来辨别男性或女性，不过，这时他们还不大能真正明白男女的不同，同时他们也不能理解性别是恒定不变的。

第二阶梯　4岁对性别的意识开始丰富

到了4岁，孩子的性别意识开始丰富许多。他们对性别的差异也比3岁时更好奇。比如,当孩子发现男女上厕所的方式不同时，通常会好奇地问"为什么男生要站着尿尿，而女生要蹲着尿尿？"同样，他们对自己的生殖器也产生了好奇，想看看自己的和别人的有什么不一样，并在此基础上感受到男性和女性在生殖器上的差异。这时，孩子的性别刻板印象也在加强。他们会坚定地认为，男孩子玩洋娃娃是不正确的，女孩子也不能玩那些打仗游戏。

第三阶梯　5岁以后真正开始了解两性的差异

此时的孩子真正开始了解两性的差异，他们知道除了外表的不同外，还包括生殖器官的不同。如果你问他们，男生和女生有什么不一样，最常听到的答案可能是："男生不可以穿裙子"，"女生可以留长发"等。由于对性别的理解，这时的孩子对性别也开始敏感起来，开始懂得不好意思和回避。他们也真正理解性别不会随时间、外部特征、愿望的变化而变化。

因此，做妈妈的要想培养出一个真正的小男子汉必须关注这3个阶梯，并在每个时间段给予儿子正确的性别教育，让他健康茁壮地成长。

他山之石

在美国，父母对低龄儿童的性别差异是很看重的，年轻的妈妈们会精心地为孩子挑选男用品、女用品。有时因为颜色花样的缘故，她们还会不放心地向营业员询问，生怕搞错了。那些抱在手上的男婴已穿上了正式的男装三角裤，尽管三角裤里还裹着纸尿布。他们的母亲说，应该让他知道自己是男孩。

在众多的托幼机构里，幼儿的厕所也是分男女的。在一个扎着小辫子女孩坐厕姿势的图案和一个男孩坐厕姿势的图案的标志下，幼儿们分门进出。厕所里面的设施完全按正规男女厕所设计，只不过比例缩小而已。为了便于幼儿识别，有的女厕所的墙、瓷砖还用粉红色，男厕所则用浅灰色。幼儿到园的第一天，认识厕所便是第一课。幼儿上厕所老师都会提醒别走错了。有时孩子好奇，如男孩跑到女厕所探个究竟，老师一般不批评，只问他们是否看清了有什么不一样。

教男孩要有男人气，教女孩更细心，这在美国父母心中已成为约定俗成的育儿观。假如母亲送儿子上幼儿园，孩子缠着妈妈不肯放，妈妈只要对儿子说："不能哭了，你是男子汉，男子汉是不能哭的。"男孩就会强忍着哭，松开手。

不要扼杀儿子爱玩的天性

男孩总是精力充沛,上房揭瓦、下河摸鱼、爬树、满院子追逐、玩海盗游戏、跟小朋友抢积木、拆家里的闹钟、做火箭试验……小男孩似乎总是这么充满了攻击性、冒险性和破坏力。

面对男孩的顽皮妈妈伤透了脑筋,手足无措甚至感到十分沮丧。在许多父母看来,如果孩子玩心太重,必然会影响学业,而学业又是和学习成绩联系在一起的,于是,这些爱玩的孩子就被父母们定义为"淘孩子"甚至是"坏孩子"。美国俄勒冈心理学博士泰普林指出,孩子应该有孩子的天地,游戏更是激发孩子潜能的极佳手段。孩子会将木棍当马骑,将纸飞机当火箭,正是这些在成年人看来十分幼稚甚至可笑的行为,构成了孩子创造力的源泉和动力。"除了'智商'和'情商'外,孩子还应该学会玩,精通'玩商'。"

"玩商(leisure quality,简称 lq)"作为一个全新的概念,已经成为被很多精英人士关注的一个话题。它测定和描述人们是否善于休闲、善于生活、善于健康玩乐的能力。全球著名的管理专家大前研一提出了会玩才会成功的"off学",认为会玩才能真正算得上是成功人士。著名的男性专家蓝怀恩女士则认为，一个人下班后的生活才决定了他的社会竞争力。而我们众所周知的那些世界知名人士，比如维珍航空的大老板，就喜欢到处探险；金融大鳄索罗斯喜欢一边考察项目，一边周游各地。他们示人的面目从来不是严肃而刻板，而是轻松而悠闲。"玩商"，就像"智商"、"情商"、"社交商"一样，已经为现代都市人越来越重视。

相对于智商、情商、财商，"玩商"是一种更高的境界。玩，其实是一种大智慧。国外的一位动物心理学家在实验室里选择了一批遗传素质一致的老鼠，把它们任意分成三组。第一组三只老鼠被关在铁笼子里一起喂养，此为"标准环境"；第二组老鼠被单个隔离起来，只身处在三面不透明的笼子里，光线昏暗，几乎没有刺激，这叫做"贫乏环境"；第三组十几只老鼠一起被关在一个大而宽敞，光线充足、设备齐全的笼子里，内有秋千、滑梯、木梯、小桥及各种"玩具"，此所谓"丰富环境"。经过几个月的环境熏陶后，"丰富环境"的老鼠最"贪玩"，"贫乏环境"的老鼠最"老实"。将老鼠的大脑摘出解剖分析，发现三组老鼠在大脑皮层厚度，脑皮层蛋白质含量，脑皮层与大脑的比重，脑细胞的大小，神经纤维的多少，突触的数量、神经胶质细胞的数量以及与智力有关的脑化学物质等方面存在着明显的差异。"丰富环境"组的老鼠优势最为显著。实验揭示，环境越丰富，玩耍得越充分，大脑的发育就越好。

对于孩子来说也是一样。玩，有助于孩子智力发展，也有助于许多非智力因素的发展。玩耍满足了孩子们的欲望，同时也激发了他们的求知欲、好奇心和探索精神。和同伴们一起玩耍，完善了孩子的个性、发展了相应的社交能力。善玩的孩子有许多优点，聪明、伶俐、乐观、愉快、朝气蓬勃、有幽默感，乐于与人交往，富于幻想，勇敢大胆，具有强烈的自我发展倾向。

　　提高"玩商"可以让孩子更聪明。玩耍和玩具为孩子打开了知识的大门。通过玩耍获得了探索世界的机会，这是他们身上天然存在的学习驱动力。游戏还可以使男孩子得以认识自我，通过选择决定玩什么或做什么、和谁一起玩、画什么等，男孩子逐渐丰富自我概念，获得身份认同，从而建立起自尊。另外，通过游戏，男孩子还可以发现自己有能力做些什么，因为游戏有助于培养他们在语言、社交、手工、制订计划、解决问题、协商和身体运用方面的能力，从而增强他们的自信，提高他们社会交往和结识朋友的能力。父母要学会鼓励孩子聪明、巧妙、愉快地玩，发展孩子的"玩商"，这不仅能帮助孩子多学知识，还能使他们愉快地生活，与别人和谐相处。

　　具体来讲，玩主要有以下几方面的益处：

"玩"可以帮助孩子积累经验、发展体验

　　作为成人，其经验的积累是通过对事情的经历和结果认知。孩子也是这样，只不过孩子采取的是玩的方式来感知事情。每个孩子在学前所有的感觉和经验都是玩出来的。当孩子需要体验自己的肢体感觉时，他会尝试着玩刀、玩火。拿刀敲打自己的手感觉疼痛，把手放在自己的嘴里咬，以此来体验牙齿的摩擦。把东西紧紧抓在手中，体验自己的手感。不停地把东西丢到地上……孩子的生活就是"玩"，孩子对世界的一切体验都在玩耍中发展起来。

孩子的思维能力是"玩"出来的

当一个孩子在玩耍时，他是灵活的、主动的，思维也是发散的、没有逻辑的，同时也是活跃的。如果他在玩沙的时候看见一张废纸，他会想办法把这张纸用在他的游戏中，如果发现一个口袋或者其他任何不同于沙的东西，他都会不自觉的要应用到他的玩耍中。这其实就是思维的学习和开发。

孩子在游戏玩耍的过程中不断地对事物进行探索和拓展。比如把玩具拆开再重组，随心所欲的组合创造自己认为合理的玩具，欣赏自己留在衣服上的"美丽图画"。在玩的过程中，孩子还会不断调整自己的想法，能把同样的一个东西组合成不尽相同的各种"怪异"的、不是东西的东西，而这些怪异的组合对孩子来说都是一件完美的、创造性的作品。这一切都是创造能力和逆向思维的培育。

玩耍，因为没有方向、没有目的、没有要求，自然而然的发生，又自然的结束，使得孩子的想象力和思维力得以充分发挥。孩子在玩耍中边玩边思考、一边计划一边欣赏、在欣赏的同时应用想象力的无限性在创造属于自己的认知。

孩子的人格和情感是在"玩"中培养出来的

孩子因为探索的需要，也因为对群体的好奇心和参与感、自我的表现欲望，他们通常也需要在群体中获得经验。他们通过游戏一起组建家庭，一起分配家庭角色。而且女孩子都要做妈妈，男孩子都要做爸爸。他们希望也相信自己有能力照顾自己的孩子，就如父母照顾自己一样。孩子们在玩的过程中模仿父母对待自己的行为方式，抚摸孩子、跟孩子说话、帮孩子玩耍、安慰孩子……

在不知不觉的玩耍游戏中，孩子具备了同情心和责任感。社会责任和社会义务也在游戏中自然的受到影响和深化，充满了自信和社会责任感。

孩子的玩就是对孩子最好的教育。它是来源于自然成长的、由自然所实施的教育。对孩子来说，玩就是学习和探索，是对自己人格的建立、心理完善的绝佳的途径。孩子在其中可以学习知识、积累经验、发展体验，建立价值体系和秩序、完善心理。

妈妈通过观察孩子的玩耍，或与孩子一起玩，能了解孩子的想法和感觉，了解他如何表达兴奋和沮丧，观察他们的忍耐力、好奇心和创造力，从而给予儿子更好的教育和引导。

那么，如何提高孩子的"玩商"呢？

妈妈要给予正确的引导和鼓励

妈妈要给孩子提供一个宽松的环境。比如说，孩子不小心把牛奶倒在地上，如果家长能说"倒出这么好看的图案，不玩太可惜了，我们用牛奶画画吧"，那么孩子对玩就有了积极的想法，但如果家长说"才拖好的地板又弄脏了，这个孩子真讨厌"，那么孩子肯定就会有受挫感，也不能尽情享受玩的乐趣了。泰普林说："由于玩的观念不同，玩的环境不同，孩子的'玩商'也大不相同。我建议家长，不要让孩子输在玩上，最后让玩变成孩子的奢侈品。"

给儿子玩的自主权

允许儿子选择他自己的玩耍方式，允许他充分地研究和探索玩具，即使方法不对也不要去干涉，除非他要求，才去帮助他。

这对孩子的健康成长很重要，死板的规定会阻碍孩子的好奇心和创造力。

尊重儿子的玩耍

在你打算让孩子结束玩耍，转而让他吃饭、睡觉或外出的时候，要记得设法早些提醒孩子，让他有充足的时间高高兴兴地结束玩耍。这能使孩子感到妈妈尊重他的玩耍，促使他乐于合作。

尽可能地陪儿子玩一会儿

妈妈的陪伴对儿子的成长是最好最有益的，妈妈与孩子一起步入"玩耍旅程"，有助于加深母子之间的感情，促进孩子的发展。成人的思维能力也有助于提高孩子玩的能力和技巧。因此，妈妈一定要每天都花一点时间与孩子一起玩一会儿。

为儿子提供恰当的玩具

设计精美的玩具能刺激孩子智力的发展。玩什么玩具、如何去玩，都会对孩子的潜在学习能力产生影响。研究表明，玩具能刺激孩子大脑的发育，促使脑神经细胞多生长突触。

不同的玩具对孩子的成长有着不同的作用，如拼装模型可以提高孩子考察和领会事物的能力；纸牌游戏有助于孩子集中注意力；各种积木（积塑）可以使孩子得到对颜色、形状、大小、重量的初步感觉，在不断自由组合新的形状时也使孩子的创造力和适应性得到了发挥；充气棒和拳击袋可以让儿童活动，也可以让孩子在发怒或有挫折时发泄一下感情；看书可以让孩子增加知识，提高想象力和理解力；蜡笔和彩色笔可以开发、培养孩子的艺术兴趣和才能；娃娃和长毛绒玩具可以让孩子练习交谈，锻炼照顾别人的能力。

中国人传统上一直要求孩子要静，总是想办法约束孩子的行动。其实，你应该时时刻刻想到，我们的小男孩是远古时期的小猎人，他们需要广阔的空间和自由的行动，他们依靠运动和攀爬来健康地发育他们的大脑。妈妈爸爸们不要束缚他。你需要在不干涉他的前提下尽量保证他的安全，并且相信他天生的空间判断能力。同时，鼓励你的小猎人多参加体育运动，多在户外奔跑活动，各种感官综合的经验带给他的是更健康的发展。

父母是孩子的第一任老师，也是孩子终生的老师。聪明的父母不会给孩子戴上"紧箍咒"，更不会对孩子采取"残酷教育、无情打击"，而是在让他丰衣足食的基础上，再给他理智的爱、健康的感情、知识的养分以及优秀的品德与教养。家庭教育是一门既高深又简单的学问。说它高深，是因为它影响着孩子的成长，尤其要把孩子培养成才，需要父母付出太多的心血；说它简单，是因为只要心中有爱和教育良方，每个父母都可以做得很好，都可以发掘孩子身上独一无二的天赋和价值，最终将他们引向成才。

在英国，孩子们永远是顽皮的，父母甚至花钱培养他们顽皮。英国的孩子每个周末都有活动，不是到某个朋友家吃饭（往往是全家一起去，父母辈的聊天，孩子辈的玩耍），就是有某个小朋友的生日派对，或者是去游泳、踢球。总之，差不多就是父母和孩子的互动日，很少待在家里看电视之类的。

如何对儿子说"不"

小男孩看着燃烧的火焰,一闪一闪,很是漂亮,虽然妈妈一再告诉他,不要去碰火,然而,他依然将手伸向了那团火。

小男孩望着高高的童话城堡,试图登上去,然而他太小了。妈妈告诉他说:"你现在还不能玩这个。"但小男孩仿佛没有听见,依然在看城堡,试图再次尝试。

……

从襁褓期开始,男孩就不像女孩那样心安理得地接受挫折,也不喜欢接受他人的帮助。通常他明明知道自己力所不能及,感情上却不能够很快地接受,他还是要坚持不断地尝试,这就是睾丸素的作用。这时,妈妈不可以硬把他拉走,或者强迫他接受你说他不行的观点,这样会使他产生真正的挫折感,而要学会艺术地说"不"。

现在的家庭中一般都只有一个孩子。父母对孩子往往是百依百顺,爱护有加,从来不会拒绝孩子的要求。这样的教育方式是很不可取的。对于妈妈来说,对儿子说"不"是必需的。对于所有的孩子,以及某一些成年人来说,要延缓自己得到满足的欲望是很难做到的。当孩子的各种要求轻易地获得了满足之后,孩子会逐渐提出越来越高的要求,他们的"胃口"会越来越大,需要会越来越多,直到有一天,父母再也不能满足他们。另外,总是被满足的孩子会养成娇生惯养的习惯,由于没有经受过拒绝和失望的打击,挫折承受力非常低,今后无法适应社会,无法独自面对和解决生活中的困难。

邓颖超曾经说:"母亲的心总是仁慈的,但是仁慈的心要用得好,如果用不好的话,结果就会适得其反。"心理学家形象地说当代的孩子缺少维生素"N",维生素"N"就是英文的"NO"。妈妈应该学会对儿子说"不"。只有听到来自妈妈的拒绝,孩子以后才会对自己说"不",学会接受别人说"不"。

适当地拒绝孩子,只要注意使用恰当的方法和技巧,这时对孩子说"不",不但不会伤害他们的自尊心,让他们产生怨恨,反而会让父母在他们心中树立很高的威信,同时也使他们懂得很多生活和做人的道理。

说"不"要讲求平衡

对孩子说太多的"不"和太多的"是"都会有损于孩子的自律能力。在孩子的环境中实现"是"和"不"的正确调和是非常重要的。如果你很少对孩子说"不",那么一旦你对他说"不"的时候,孩子会感到崩溃,因为他不习惯于受到挫折。如果他整天都被"不"所淹没,那么孩子就会觉得这是一个消极的世界,他长大后就会成为一个消极的人。只有平衡好"是"与"不",才能有助于孩子养成一种健康的、折中的个性。

如何说"不"要依年龄而定

对于 0～2 岁的孩子，妈妈要直截了当地说"不"。这个年龄段的孩子语言功能还不完善，如果妈妈对他讲比较复杂的道理的话，孩子可能会听不明白。所以妈妈应采取的拒绝方式是直截了当的体验式。如直接对孩子说"不可以"或是对他摇头。当孩子有危险举动，如去拿打火机玩的时候，妈妈就要马上制止，甚至可以给孩子一点小小的惩罚，如不许玩他最喜欢的玩具等。

对于 2～4 岁的孩子，妈妈要学会冷处理。2～4 岁的孩子正处于人生第一个"反抗期"。这个时期，孩子不再像以前那样听话，经常与妈妈"闹独立"，表现得叛逆性十足。对这个时期孩子的不合理要求，妈妈要采用适当方式加以引导，尽量避免采用强硬的处理手段。所谓的"冷处理"是指当孩子大吵大闹的时候，你可以不去理睬他，等事后双方都冷静下来了，再同他讲道理。如果孩子是在公众场合撒泼的话，妈妈可以先把孩子拖回去，再进行冷处理。这样做对孩子的自尊心能起到保护作用。

对于 4～6 岁的孩子，妈妈要给他讲道理。这个时期的孩子在心理特征上处于一个过渡期，正从"自我中心"发展到认识周围的环境事物。同时，孩子在语言上的智能也有了相当的提高。这时妈妈可以采取"讲道理"的方式来同孩子沟通。坦白而简单地向孩子说明为什么不能这么做，这么做会有什么后果，来帮助他提高分辨是非的能力。注意别对孩子说谎或说得模棱两可。

换种方式说"不"

当你发现孩子无论你如何说"不",都制止不了孩子的行为时,你可以采取更换场所、游戏方式等来让孩子远离刚才的状态。比如,孩子不停地试图爬上对他而言太高太危险的城堡时,你可以告诉他带他去玩一个更好玩的东西,带他到另外的游戏器械旁边。让孩子在不知不觉中就接受了你的意见。

一旦说"不",就要坚持下去

有的妈妈在拒绝了儿子之后,可能会觉得于心不忍,就干脆又满足了他。也有的妈妈可能拒绝后又后悔了,就收回了自己说过的话。不论原因如何,都不要在孩子面前表现出出尔反尔的行为……即使孩子哭了,也仍然要坚持原来的决定。

如果拒绝孩子后又发现有不妥之处,可以在以后来弥补。但不要当场反悔。特别是不要因为孩子的撒娇、哭泣就改变决定,因为这样的做法其实间接强化了孩子的这种不良行为,会让他"学会"以后用撒娇、哭泣来获取想要的东西。

不要与孩子讨价还价

很多时候,妈妈都没有发现自己在对儿子说"不"的时候,往往是有交换条件的。比如说吃不完饭就不许看动画片,做不完作业就不许出去玩等。这种说"不"的方式对儿子的影响很坏,儿子会逐渐效仿妈妈动不动就讲条件。

一旦孩子习惯于讨价还价,在任何事情上都做交易,很可能造成孩子成长过程中的被动状态。孩子会计较任何事情的即时效益，看不到好处就不做，如此下去，孩子便不会出于强烈的兴趣去学习新东西，也不会有探索精神，更不会有责任心和同情心。他的人生会丧失所有的主动权，任何事情不是我要做，而是要我做，而且不谈妥条件就不做。当谈判成了习惯，每一次谈判成功后，孩子就在准备下一次的交易了。

用身体语言来制止孩子

很多时候，身体语言要比语言更具震慑力。关键是做妈妈的要从小就培养儿子懂得"停止"的身体语言信号。比如，当儿子第一次伸手去拿危险的东西时，你的脸上会出现警告的神色。当儿子已经习惯于你明确的身体语言，以至于你的表情稍有变化就能引起他的警醒和注意时，那么这些"停止"的身体语言就会获得最佳的效果。尤其是当儿子看到过妈妈许多表示肯定的身体语言，比如对他感到骄傲和赞许的眼神、快乐和喜悦的表情、目光的交流、给他拥抱、挠他痒痒，以及表示"我爱你，你很棒"的熠熠生辉的表情，那么在学步阶段你对他说的"不行"就会起到更好的效果。

告诉儿子为什么"不"

如果妈妈总是对孩子说"不"，那么就会让这个词失去威力。告诉儿子为什么"不"，让他明白你说"不"的原因，可以更有效地让儿子停止行动。很多时候，孩子比妈妈想象中的要懂事得多。同时，孩子也是很有自尊心的。拒绝孩子后向他们做出解释，会让孩子感觉到父母对他们的尊重，同时也在家庭中营造了民主、和谐的气氛。这样，孩子不但很容易接受拒绝，也学会了理解和支持父母。

在向孩子进行解释时妈妈一定要注意通俗易懂、简单明了，不要长篇大论地说教，一定要逼得孩子乖乖点头才肯罢休。这种说教式的解释是令孩子讨厌的。久而久之，孩子会拒绝听妈妈的任何解释。

没有规矩，不成方圆。孩子们需要一个界限，这个界限给他们展示什么可以，什么不可以。界限可以给孩子们以分寸感和安全感。你要对孩子说：在限度内你是受保护的，限度里面才是你熟悉的家。在德国南部一些地区，直到十八世纪还有这样的传统：农民会把将来土地的继承者带到界碑处，在那儿他会解释清楚，从这个边界开始，就是邻居的土地，并且他得给儿子一记清脆的耳光：这样你就可以记住了！！

拒绝孩子的不合理要求，目的是让孩子逐步树立正确的行为规则。最初孩子小的时候需要妈妈的不断点拨、刺激，时间长了，在妈妈的拒绝过程中，孩子便能学会自我控制，提升内省智能，从被动接受外界的教育内化为自律、自觉地自我克制。这是一个潜移默化的过程，做妈妈的一定要注意对孩子说"不"要有一定的标准，不可太随意，比如不能因为今天心情好，便纵容孩子一些；明天心情不好，便对孩子严格一些。这样会让孩子无所适从，也会影响到孩子的安全感。拒绝不是因为金钱缺乏、心情不好而采取的行动，它是一个让孩子对周围环境、对行为规则进行认识的教育机会。

他山之石

英国人普遍认为，对孩子的溺爱和娇宠是孩子独立性格形成的最大障碍。要使孩子在日后能适应社会的需要,独立地去生活、工作,必须从小就培养他们独立生活的能力,让他们学会尊重他人和自我克制,知道对自己的行为负责任。如果孩子日后不能像其他人一样适应社会,作为父母就没能尽到教育的职责。

家庭是孩子成长的摇篮。父母及其他家庭成员的观念与行为,对孩子道德意识的养成起着决定性的作用。在英国的家庭中,绝对看不到对儿童的没有理由的娇宠,犯了错误的孩子会受到纠正甚至惩罚。父母们往往在尊重孩子独立人格的前提下,对孩子进行严格的管束,让他们明白,他们的行为不是没有边际的,不可以为所欲为。英国的法律明确规定允许父母体罚孩子,至今许多学校仍保留着体罚学生的规矩。

在一般的家庭当中,5岁以下的孩子都不准与大人同桌吃饭,不允许挑吃挑穿,到了该做什么的时候,一律按规矩办事,故意犯错误和欺负幼小,都将受到严厉的惩罚。不管是对什么人,孩子必须懂礼貌,说话客气,对父母兄弟姐妹也不例外。言谈举止符合标准,对人彬彬有礼是对每一个孩子的基本要求。反之,孩子将受到父母的训斥,包括身体的惩罚。只有懂事而有礼貌的孩子,才会受到父母的夸奖。

把握对儿子早期教育的关键期

一提到对儿子进行早期教育,妈妈们常常会争先恐后地说:

"我儿子3岁的时候就能做百数以内的加减法了!"

"我儿子4岁的时候,我就送他去学英语了!"

"我家儿子在上学之前就已经把三年级的课程全部学完了!"

……

然而,真正的早期教育并不是让孩子学习做数学题、认字、学外语,真正的早期教育是指在孩子早期智力发展的关键期,引导孩子把其大脑智力发展的潜能发挥出来。

那么孩子智力发展的关键期是什么时候呢?

美国心理学家布鲁姆通过研究指出,如果把人在17岁时测得的智商定为100%,那么其中50%在3岁前发生。"3岁看大,7岁看老。"这句话并非空谈,科学研究显示,在成长的过程中,一个孩子3岁之前的生长发育会影响其一生的发展变化。3岁之前是一个人大脑发育的重要时期。一个人出生时脑重量只有370克,第一年年末时,婴儿脑重就已经接近成人脑重的60%;第二年年末时，约为出生时的3倍，约占成人脑重的75%；到3岁时，婴儿脑重已接近成人脑重的范围，以后发育速度就变慢了。所以孩子在出生后2~3年内，无论在生理和心理方面，良好的育儿刺激对大脑的功能和结构都有重要的影响。

3岁是性格发展的关键期

为证实3岁在一个人一生中究竟起到多大作用，1980年英国伦敦精神病研究所教授卡斯比同伦敦国王学院的精神病学家们进行了一项别具一格的试验观察。研究者以当地1000名3岁幼儿为研究对象，先是经过一番调查分析，然后将他们分为5种类型：充满自信型、良好适应型、沉默寡言型、自我约束型和坐立不安型。到2003年，当这些3岁孩子都长成了26岁的成人时，卡斯比教授再次与他们进行了面谈，并且对他们的朋友和亲戚进行了走访。结果发现这些3岁幼童的言行竟然准确预示了他们成年后的性格，让卡斯比教授十分惊讶。他对自己的试验结果进行总结，并在2005年发表了报告演说，这一报告在国际育儿学术界引起了轰动，为"3岁看老"的说法提供了强有力的证据。

卡斯比教授指出，一个人对3岁之前所经历的事情会像海绵一样吸收。这意味着孩子性格形成和能力培养的关键期就在3岁之前，这个阶段的孩子跟随什么样的人，接受什么样的教育，就将会形成相应的性格。和其朝夕相处的成人所说的每一句话，所做的每一个动作都可能会深深地烙在他们的心灵深处。

3岁是开发大脑潜能的关键期

脑科学和生命科学的最新研究表明：儿童的脑细胞组织到3

岁就已经完成了60%，这时期的儿童脑部具有天才般的吸收能力。出生之后的最初几年是脑发育的关键时期，因此开发大脑潜能必须尽早。美国科学家利用"正电子发射计算体层摄影"技术，对幼儿大脑的发育进行扫描观察，发现孩子在出生之后，由于视、听、触觉接受大量的信号刺激，脑神经细胞之间建立联系的速度远远超出了人们的想象。而且研究表明，3岁以后，大脑的复杂性和丰富性已经基本定型，并且停止了新的信息交流，这时大脑的结构就已经牢固成形。虽然这并不意味着大脑的发育过程已经完全停止，但就如同计算机一样，硬盘已经格式化完毕，就等待编程了。

因此，孩子幼时的生活经历将会极大地影响大脑神经细胞之间的联系程度。在一个充满忧虑和紧张气氛的家庭里长大的孩子处理问题的能力相对较差，而且很容易被自身的感情压垮。相反，那些生活在充满爱心的环境里的婴儿则会与环境频繁地进行交流，进而促进额叶前部的循环，这样就增加了以后对精神疾病和其他疾病的抵抗力。

3岁是学习的关键期

所谓"关键期"，是指最容易学会和掌握某种知识技能、行为动作的特定年龄时期。在关键期对孩子进行及时的教育，孩子学起来容易，学得也快，能够收到事半功倍的效果，但如果错过关键期再去学，就要花费很多的精力和时间，事倍功半。

印度"狼孩"卡玛拉被人发现时已有7岁多，身上毫无正常儿童的特征，没有语言能力，不能直立行走，更不会与人交流。重返人间后经过长达6年的专业人员的护理，也只学会走路，到17岁时才学会十几个单词，智商只有4岁孩子的水平。可见，如果错过了孩子学习关键期的教育时机,将造成不可逆转的后果。

3岁是学习语言的关键期

科学家认为,孩子学习语言不是慢慢地一字一句地学习,而是存在突然的"语言爆发期"现象。如在2岁之前他们对语言的把握很模糊,但2岁之后突然某一天就能够很容易地掌握各种很复杂的表达技巧了。

通常来说,孩子到了2岁的时候就会表达比较复杂的句子,甚至会使用不同时态和语态的动词或者连词,而且还会使用长句和分句了。孩子是在生活中熟悉语言,在模仿中学习语言的。因此,环境非常重要,如果孩子周围人的发音是方言,那么孩子也会照着模仿;如果他经常和一些语言丰富的孩子玩耍,时间一长,他也会变得能说会道。

身为妈妈,只有把握好3岁之前的黄金期,儿子才会按照其自身的生长发育特点,发挥出潜能,健康成长。

国外的早期教育

美国

教育从生命第一天开始。创办"从出生到3岁"培训班,以1981年密苏里州教育部创办的"父母作为老师"(PAT)的项目最为著名。目前该组织已将它们的项目推广至全美47个州,培训了8000名"父母辅导者"。这些工作人员主要是每月对每一个家庭进行一小时的家访。

美国的另一项以家庭为基础的父母教育计划,称作HAPPY

计划：学龄前儿童的家庭指导计划。该计划得到了美国前总统克林顿的支持。HAPPY 计划直接把培训带入家庭，计划中的母亲们每周受到一次访问，每隔一周参加一次与其他父母们的集会。

新西兰

教育从出生开始。1972 年开始从事婴儿成长跟踪。1993 年启动了 3 岁前婴儿发展与教育的国家计划——"普卢凯特计划"。新西兰教育部在《面向 21 世纪的教育》报告中指出："教育必须从出生开始。"目前，新西兰已经有 82% 的 3 至 4 岁的儿童加入了早期儿童教育计划。

秘鲁

建立"娃娃之家"。建立了 3 岁前的"娃娃之家"工程，专门对 3 岁前的孩子进行早期教育。

加纳

教育儿童不能等待。加纳有一个以《儿童不能等待》为题的 0～6 岁儿童发展计划，对该阶段的孩子进行系统的教育。该计划已经列入国家行动计划。

竞争是男孩的天性

一位研究行为哲学的专家曾说:"一场比赛结束后,你看到一个被打败的男人在真诚地向对手祝贺,其实在这背后,这个男人想的是下一次如何把他打败。"

刚刚认识了一群新朋友,女孩最想知道的是:我能与哪个小伙伴成为亲密的知心朋友;而男孩迫切需要知道的却是:谁是这群孩子的头?

刚刚到了一个新的班级,女孩最关心的是:这些陌生的同学不会欺负我吧;而男孩更关心的是:谁是班主任?谁是班长?……

美国的艾里姆夫妇在名为《养育儿子》的畅销书中也曾提到,"走进男孩的世界,我们会发现,在任何场合,男孩最关心的事情都是:谁是头?"

竞争是男孩子日常生活的重要组成部分。男孩子的竞争意识是与生俱来的,男孩有着很强的竞争心理,性别赋予了他们巨大的能量,这是男孩的优势所在。一个不敢去竞争的人,他的人生通常是不会成功的。

因此，做妈妈的要注意培养儿子的竞争意识，适时地鼓励儿子勇敢地去参与竞争。

抓住培养竞争力的最佳时期

心理学研究证实，6～12岁是男孩子自我意识最明显的时期，这期间孩子对各种竞争的结果特别敏感。那么在此期间，妈妈要鼓励儿子积极地参与集体活动，激发儿子参与竞争的热情和动力。竞争可以让孩子不断提高自己、超越自己。

事实上，对于很多孩子来说，在班级中、运动场上，参与到竞争性的活动之中比获胜更为重要。良性的、有益的竞争就像一个强有力地推动器，促进孩子不断前进，推动孩子在学业上有更好的表现，取得更大的成绩，促使孩子对自己提出更高的要求，同时使日常活动更为丰富多彩。

告诉儿子正确的竞争观念

妈妈要教育孩子认识到，竞争应该是有利于社会，有利于集体和他人，不是不择手段地战胜对方，同学之间的竞争应该有利于促进相互督促，相互学习，以竞争促进大家追求更高的目标和共同进步。另外，父母要鼓励孩子在优良的作风及精神道德方面与同学竞争，与同学比学习、比纪律、比团结、比进步、比友谊。教育孩子要珍惜同学间的友谊，要运用正当的竞争手段，不能做出伤害同学的事情。

让儿子在竞争中学会宽容

在竞争中失败的孩子往往会流露出不高兴的情绪，会对获胜的一方充满敌对情绪,如不再和对方交朋友,甚至怂恿别的伙伴孤立他等。妈妈在培养儿子竞争意识的同时,要注意提高孩子的竞争道德水平,教育孩子在竞争中要学会宽容。让孩子明白竞争不应该是狭隘的、自私的,竞争者应具有广阔的胸怀。让孩子积极、正确地面对竞争。

消除儿子的嫉妒心理

让孩子积极参与竞争是对的,但要告诉儿子不要把"第一"当成竞争的唯一目的。妈妈要注重孩子在参与过程中培养的良好品质,如遇事冷静、沉着、性格开朗等。这些个性品质远比"第一"重要得多。培养孩子的竞争能力,就要让孩子明白只有与嫉妒告别的人,才有可能获得最后竞争的胜利,取得优秀业绩。妒忌心理是人与人相处,人与人竞争中存在的一种阴暗心理。对孩子来说,危害性很大。

培养儿子的竞争美德

现在的孩子在竞争道德认识方面常存在许多问题:认为竞争不需要讲道德;讲到取胜,就认为要抑制他人,致使他人失败;讲到友谊,就认为不要竞争;要么好,就好到极点,不知在总体好中也可以有些不好的东西;要么不好,就坏得一无是处,不知在总体坏中也可能有些积极的因素。因此,妈妈在培养孩子的竞争意识的同时,更要注意培养孩子的竞争美德。妈妈要帮助儿子端正心态,让儿子明白竞争是展示自身实力的机会,是件美好的事,要用从容的心态看待超越和被超越,不应充满妒忌和愤懑。

提高儿子的受挫能力

告诉儿子，在竞争中没有常胜将军，没有哪个人能在各方面都次次取胜，引导孩子正确地对待失败和挫折，知道强中还有强中手，让孩子"输得起"。为了提高儿子的抗挫折能力，妈妈可以有意地对儿子进行一些挫折教育，培养儿子坚强的意志，让儿子感到失败并不可怕。学会在失败之后及时地调整自己的心态，消除不必要的紧张、忧虑和自卑等消极情绪，从而争取下一次的成功。

不要给孩子施加压力

妈妈在引导儿子竞争的时候要特别注意，不要给儿子太大压力，说一些诸如"你一定要拿第一"、"你一定要赢某某"的话，而应告诉儿子，只要你努力了，妈妈就很高兴，让儿子感受到来自妈妈的信心和支持。当孩子失败时，妈妈可以给一些具体的建议，让儿子知道自己今后努力的方向。

行为心理学家认为，每个男人都有当头的欲望，每到一个新的领域，男人之所以关心"谁是头"，是因为他想知道这个新领域的规则是什么，当"头"有什么具体的条件，然后与自己已有的条件对比，确定自己今后努力的方向，与现在的"头"去竞争。对于成年男人来讲，这种天生的特性会演化成不断进取的力量。当今社会，竞争越来越激烈，培养孩子的竞争意识，让孩子学会竞争，鼓励孩子参与竞争，对于孩子的健康发展具有重大意义。

发展儿子的语言能力

出生伊始,女孩就显示出对声音和语言的积极反应。在整个童年阶段,她们都显示出比男孩更好的语言技巧。她们开口早,语法、拼音、组词造句以及以理服人的能力都比男孩强。而男孩的语言发展在整个童年阶段普遍都比女生落后一大截。

当女孩已经把生词组成完整的句子的时候,男孩还在单个生词之间挣扎。男孩开口晚,造句晚,阅读晚。诸如口吃之类的语言问题也都在男孩中更普遍。

学龄前女孩常常比同龄男孩懂事,有主见,会思考问题,也更具有创造性。在小学里,女孩子比男孩子能更出色地完成学校交给的任务,女孩子往往得高分,而男孩子带回家的常是低分数。

在阅读方面,男孩会3倍困难于女孩。男孩比女孩更容易产生学习问题,所以补课班里往往有2/3的男生。

相对于女孩来说,男孩更容易发生诵读困难。有人曾对同一地区的5718名出生于1976年至1982年的5岁以上儿童的阅读能力进行过测试,测试表明,女孩的阅读能力是男孩的两三倍。

……

男孩仿佛天生在语言方面就不如女孩，口齿伶俐仿佛是女孩的专利。难道这就是男孩的宿命吗？其实不然，做妈妈的只要从语言方面对儿子早加启蒙教育，你的男孩就一定会让女孩都望尘莫及。

科学家曾通过一个简单的实验来观察和检测男孩和女孩的不同能力。他们让11个半个月大的男孩和女孩坐在母亲腿上观看在小戏剧舞台上的表演，演出的第一幕是一个橘黄色的大块东西从蓝色吊箱上吊起，缓慢地穿过舞台，然后重新放回箱子处，重复做6次。第二幕也是相似的，只是橘黄色的物块小了一些。但是男孩并没有注意到物块的大小差异，而女孩则立刻激动起来，并开始发出语言一样的声音，像是要说话。由此可见，女孩在使用词汇、拼写和记忆事物方面的能力要早于男孩，在刚上学时，女孩就已经为记忆事实、拼写、阅读做好了更充分的准备，因此她们显得比男孩子更聪明。

找到了问题的症结，也就找到了解决问题的办法，要想使儿子的语言、词汇方面的能力早点发育，妈妈就要对儿子进行这方面的训练。

多跟儿子讲话

美国普林斯顿大学的心理学教授彼得·贾兹克进行的实验表明，不到半岁的婴儿能听懂一段话中的几个词。如果一段话中有一个婴儿熟悉的词，那听懂的就会更多。实验同时表明，18个月的孩子虽然通常只能一次说出两个不相连贯的词，但已经能理解语法正确的句子。也就是说,婴幼儿早在能说出简单的句子之前,就能听懂周围人的话。尤其是对于母亲的声音的敏感度超过其他任何的声音。

孩子的这种对于声音的分辨能力有助于语言的培养,特别是对母语的学习。同时心理学家、教育学家通过研究实验表明,1~3岁孩子是语言发展最迅速的时期,也是学习口头语言的关键时期。因此,妈妈要抓住这段时间最大限度地促进儿子语言的发展,这将对儿子以后的发展至关重要。

为了促进儿子语言的发展,在儿子出生后的第一年,妈妈要多和他说话,即使他听不懂,这种交流也是有益的。妈妈可以抓住生活中的每一个细节和儿子交谈,谈话的内容要和儿子的生活密切相关,是他熟悉的事与物。比如在给儿子换尿布、穿衣服的时候,可以告诉儿子你在做什么,让儿子明白你的这一动作。通过多与儿子交谈,可以让儿子听到妈妈发出的语言,接受语音听力的训练,看到妈妈发音时的口形,增强其视觉判断力。

贝蒂·哈特博士和陶德·笨斯利博士曾经观察42个家有1至2岁婴幼儿的家庭中父母与婴幼儿的交往,到3岁的时候,测验显示,智商与语言卷上得分最高的孩子都来自父母讲话最多的家庭,对孩子讲话最多的家庭平均每小时讲2150个字,而对孩子讲话最少的家庭平均每小时才620个字。

让儿子多讲话

当儿子自己能发音并学习说话时,要创造条件,多教他说。先教单词,再教短句,至3岁左右,可以教各种基本类型的句子。所教的词最好是代表具体东西的,能看得见、摸得着的,教的话应是日常用语，是孩子交往中经常用到的。

对儿子进行语言培养时，可以利用趣味性的活动，比如看图画书。这个阶段的孩子很喜欢色彩斑斓的图画书，妈妈可以利用这一点来锻炼儿子的说话能力。训练儿子说话也可以渗透于日常生活的各个环节，以及有趣的游戏和活动中。比如，在散步时让儿子讲讲自己看到的事情，看到的人。

你看见了什么

这项游戏富有创造力，很好玩。散步或乘车时，都可以玩这个游戏。

如果你和儿子在外面散步，你就问儿子看见了什么。当他给你提供一个答案的时候，你可以通过提问题来启发他进一步思考。

如果儿子说他看见了一棵树，你可这样问：

这树有多高？

树是什么颜色的？

树叶像什么？

树梢在哪儿？树根在哪儿？

通过回答这些问题，不但可以锻炼儿子的语言能力，还可以激发儿子的大脑思维活力。

通过嘴部运动发展儿子的语言能力

最新的一项研究称，经常吹泡泡、舔嘴唇的两岁以下儿童在语言能力上优于同龄儿童。兰开斯特大学心理学家说，他们发现儿童的这种嘴部活动同他们的语言能力存在很大联系。教孩子舔嘴唇或是吹泡泡能够促进他们清晰发音的能力。兰开斯特大学卡蒂·阿尔考克博士说，那些在活动嘴巴方面表现不佳的孩子，语言技能也会很差。她说："为了能够提高语言能力，你需要正确活动你的嘴巴。"做妈妈的可以常与儿子玩吹泡泡的游戏。

泡泡乐

准备好泡泡液以及吹泡泡的工具。

游戏开始啦！

带儿子到户外去，妈妈给儿子演示一下如何吹泡泡，然后鼓励儿子和妈妈一起做。

在儿子吹泡泡的时候，妈妈可以多说一些鼓励的话，并教儿子吹出更大的泡泡。在儿子吹泡泡吹累了的时候，妈妈可以让儿子来追妈妈吹出的泡泡，并戳破它。让儿子在追泡泡的过程中锻炼身体。

也可以由儿子来吹泡泡，妈妈去追。这样会让儿子对吹泡泡更加充满了兴趣。

吹泡泡不但对儿子的语言能力有很大的帮助，而且追着泡泡跑的游戏也对儿子有很大的好处，可以促进他的骨骼生长，令肌肉结实，增强腿部力量，使心脏跳动有力，还能增强呼吸系统和消化系统的功能。

鼓励儿子说话

孩子在最初学说话的时候，总是比较慢的，做妈妈的要注意不要讥笑儿子说话，或让他与很善辩的孩子在一起议论问题，甚至是与孩子抢着说话。妈妈与儿子说话时，要特别注意讲究说话的艺术，为孩子语言能力的发展提供条件。和孩子说话要比较慢，口齿清楚，声调温和亲切。不可用严厉的声调对孩子说话，也不要恐吓孩子，说些孩子妒忌的话或者在孩子面前讲他人的坏话。妈妈应该鼓励儿子慢慢讲，把话说清楚，或者是换一句话，改变他的语言习惯，鼓励他动脑筋去想好了再说。要多用积极鼓励性的语言，少用消极的、禁止性语言；多用提问的方式跟孩子说话，少用命令的方式叫孩子去做事。

要有目的、有计划地进行训练

许多父母在对孩子进行语言能力培养和训练时，往往缺乏计划性、目的性、系统性和持久性。一些妈妈在孩子牙牙学语时，往往出于自己的兴趣或逗孩子玩的目的教孩子说话，而到孩子两三岁时，就错误地认为孩子大了自然会说话而撒手不管了，以致错过了孩子语言发展的关键期，贻误了对孩子进行早期教育的最佳时期。因此，妈妈要注意有目的、有计划地培养和训练儿子的语言能力，不可拔苗助长，急于求成，也不可不闻不问。

创造良好的语言学习环境

大量的研究成果表明：孩子的语言能力发展在很大程度上依赖于家庭环境。家庭成员的语言水平、文化修养、家庭藏书情况、父母对孩子教育的兴趣等，都对孩子的语言能力发展有很大的影响。

家庭成员如果说话粗俗、词汇贫乏，必然会从负面影响孩子。

特别是和孩子接触最多的父母,一定要注意提高文化素养,注意语言美,使自己的每一句话都能成为孩子模仿的范例。家长要注意为孩子创造一个讲普通话的环境,用规范化的语言来教孩子。成人说话时要发音正确,注意词汇丰富,语言精练通达,符合语法规范,重视用标准的语言训练孩子,加快孩子的学话进程。

通过讲故事来发展儿子的语言能力

讲故事是训练、发展孩子的语言能力的一种非常好的方法。妈妈在给儿子讲故事时要以清晰、准确、规范的语言为孩子做好学习语音的楷模。最好能借助实物、口形示范和手势等直观手段,形象具体地向孩子示范发音,并让孩子反复地辨别和体验。讲故事时所涉及的词义要浅近、准确,尽可能让孩子运用已有的知识经验自己来解释词义。讲完故事后,可让孩子复述故事(故事中部分情节或故事大意),以培养孩子的概括能力,发展孩子的创造力。也可以边讲边启发孩子填出部分关键词,培养孩子的语言表达能力。做妈妈的可以常与儿子玩一些给故事填词的游戏。

填词游戏

找个午后的时间,与儿子坐在家中的地板上,玩玩填词的游戏。

你来编一个故事,把孩子的名字编进故事中。告诉儿子,每当你停下的时候,需要他来填上一个词。

比如,"从前有一个小男孩,名字叫_____(你的儿子的名字)。这个名叫_____(让儿子在这里填一个词)的小男孩去公园里玩。"

给故事加上一些情节，鼓励儿子添上更多的内容。例如，"＿＿＿＿＿（你孩子的名字）进入公园，发现了＿＿＿＿＿。"

根据儿子的年龄和语言能力，你所编的故事可长可短，可复杂可简单。

"语言是人类最重要的交际工具"，孩子可以利用语言清楚地表达出自己的感觉、感受或需要，让妈妈或者小伙伴了解自己，或引起别人对自己的注意。儿童心理的研究成果和长期的教育实践已经证明，幼儿期是人一生中掌握语言最迅速的时期，也是最关键的时期，这一时期3～4岁的幼儿发音机制已开始定型。也就是说3～4岁的幼儿是学习发音和口语表达的最关键时期。

培养儿子的思考能力

在一所国际学校里,教师给各国学生出了一道题:"有谁思考过世界上其他国家粮食紧缺的问题?"学生们都说"不知道"。非洲学生不知道什么叫"粮食";欧洲学生不知道什么叫"紧缺";美国学生不知道什么叫"其他国家";中国学生不知道什么叫"思考"。

这则"让人笑不起来"的"笑话",包含了对教育的反思。在中学生参加的数理化方面的国际比赛中,凡是死记硬背的题目,中国学生都能得高分,需要独立思考、判断、想象的题目,中国学生往往失分。在中外记者招待会上,外国记者会提问题、敢提问题,而中国记者却很少提问。

《知心姐姐》杂志曾做了一次题为"父母心中的好孩子标准"的"知心调查"。全国18个省市的1904名中小学生的父母回答了这个问题,其中选择"听父母或老师的话"的占11.8%,而选择"有思想、有主见、有独立思考问题能力"的仅占1.21%。

思考是人的大脑对客观事物的认识过程。人们对客观事物认识分为两个阶段——感性认识阶段和理性认识阶段。比如，我们认识一个人，先是从知道他的姓名、长相，听他说话、看他做事开始的，以后逐渐对他了解越来越多，直到认识他的性格特点，他的精神境界。这就经历了感性认识和理性认识两个阶段。使我们完成这个认识过程的核心因素就是思维、思考。在感性认识阶段，人们也要"想"，但那是初步的，只有对客观事物获得了大量的感性材料时，人们才能通过分析、综合，认识事物的本质特征，所以，思维主要表现在理性认识阶段。

思考能力和水平的高低反映了一个人智力活动水平的高低。爱因斯坦说："学习知识要善于思考、思考、再思考，我就是靠这个学习方法成为科学家的。"事实上，赢得一切、拥抱成功的关键，就在于能否积极地思考，持续地思考，科学地思考。不懂得运用思考的人，是难以挖掘出丰富的智慧矿藏的；不善于思考的人就不能举一反三，触类旁通，享受创新的乐趣。

有一家电台请来了一位商业奇才做嘉宾主持。很多人想听他成功的方法。他却淡淡一笑，说："还是我出道题考考你们吧！某处发现了金矿，人们一窝蜂地涌了过去，然而一条河挡住了他们的去路。这时，如果是你，你将怎么办？"有人说绕道走，也有人说游过去。嘉宾只笑不说话，过了很久他才说："为什么非要去淘金呢？不如买船从事运送淘金者的营生。"众人愕然。是啊，那种情形下，即便你将那些淘金者宰得身无分文，他们也心甘情愿呀——因为过去就是金矿！当你将一半的时间用来思考，一半的时间用于行动时，成功就离你不远了。思考力可以说是未来人才竞争的关键因素，你，孩子的妈妈是否善于启发孩子思考，是否懂得如何来培养训练孩子的思考力呢？

你善于启发孩子思考吗？

面对以下情形，你是怎样做的？选择最符合您实际情况的一种答案，也许，测验结果能给您一些启发：

1. 孩子向你提出问题时

a. 搪塞过去

b. 马上回答

c. 让孩子自己想象，然后回答

2. 孩子愿意让你向他提问时

a. 不提问题

b. 应付了事或简单地提几个问题

c. 结合孩子实际水平提问题

3. 孩子遇到困难时

a. 赶快实施帮助

b. 让孩子自己解决

c. 让孩子自己解决，解决不了实施帮助

4. 孩子学习认字却记不住

a. 放弃教孩子

b. 让孩子死记硬背

c. 讲解字的特征，让孩子多次练习

5. 当孩子自言自语时

a. 禁止

b. 觉得很有趣

c. 注意观察，避免打扰

6. 孩子提出不合理的要求时

a. 不予理睬

b. 断然拒绝

c. 讲清楚为什么不能满足他

7. 孩子组合复杂玩具不成功时

a. 不让孩子继续玩

b. 替孩子组合

c. 提示某个步骤，让孩子自己组合

8. 把铅笔、钢笔、毛笔拿给孩子识别时

a. 逐一告诉孩子是什么

b. 指出特征告诉孩子是什么

c. 指出特征，告诉孩子"这是"什么，"那是"什么

9. 责备孩子时

a. 注重责备的内容

b. 强调责备的原因

c. 注意责备的实际内容，说明责备的原因

10. 对孩子的早期教育

a. 一味体现一个"早"字

b. 等到适宜年龄

c. 引起孩子兴趣后，趁热打铁

11. 在孩子学习最感兴趣时

a. 继续教下去

b. 突然中断

c. 突然中断，让孩子提出要求再接着教

12. 孩子对身边的物品发生兴趣时

a. 不管不问

b. 告诉相应的名称

c. 告诉相应的名称，过段时间再提问

13. 教孩子数数时

a. 填鸭式的反复背诵

b. 找些不同的物品来查数

c. 找来相同的物品对照

14. 孩子画画时

a. 不管不问

b. 随便看看

c. 看后问他画的是什么

15. 孩子要画画时

a. 随便给他一张纸

b. 一律给他长方形的画纸

c. 提供各种规格、形状的画纸

16. 教孩子背诵词句时

a. 随心所欲的

b. 强制性的

c. 先讲有关故事后再教孩子

17. 给孩子喝果汁时

a. 随便找来一只杯子

b. 固定一只杯子

c. 有意识地每次使用不同的怀子

18. 为孩子买玩具时

a. 你高兴就买

b. 为了应付孩子才买

c. 让孩子自己选择后再买

19. 让孩子做事时

a. 不管孩子有没有兴趣

b. 孩子有兴趣，只安排一件事

c. 孩子有兴趣，安排两件以上

20. 孩子问起你手中的工具时

a. 不作任何解答

b. 告诉孩子工具的名称

c. 告诉孩子工作的名称及用途

计分：a=1 分，b=2 分，c=3 分

说明：总分在 35 分以下，不会启发孩子思考；总分在 35 ~ 50 分之间，基本上会启发孩子思考；总分在 51 分以上者，具有成功启发孩子思考的能力和经验。

通常而言，孩子到了 5 ~ 6 岁时，抽象思维开始萌芽且正在发展，此时正是加强对孩子进行训练，提高孩子的思维水准和思考能力的好时机。一般可以采用以下方法：

多问儿子为什么

问题是思维的引子，经常面对问题，大脑就活动积极。孩子在成长的过程中，总爱问妈妈为什么。在培养儿子的思考能力的过程中，妈妈不妨利用这个方法来锻炼儿子的思考力，多问儿子

一些为什么,让孩子养成独立思考的习惯。如果孩子不能立刻回答出来,妈妈不要着急,要耐心地引导、启发他。妈妈跟孩子一起讨论、解释这些问题,可以让儿子感受到妈妈的积极主动性,使儿子也爱上思考。当妈妈也弄不懂这个问题时,可以教儿子通过请教他人、查阅资料、反复思考来获得圆满答案,从而提高孩子的思维能力。

让儿子自己想办法

思考能力是逐步锻炼出来的。在日常的生活中,当儿子遇到问题或者困难时,做妈妈的首先应该问儿子:"你该怎么办?""你有什么好办法吗?"而不要迫不及待地帮助儿子想办法,替儿子思考。否则就算是当时解决了问题,但从长远来说,对发展孩子智力没有一点儿好处。妈妈经常给儿子答案会导致儿子对妈妈的依赖,而不会自己去寻找答案,无法养成独立思考的习惯。

另外,当儿子向你提问题的时候,妈妈要帮助他学会自己思考。每一个"为什么"都是孩子对事物的缘由或目的的想象,每一个"怎么样"都是孩子对事物发展过程与机理的思考。当孩子问"是什么"时,让孩子自己去思考、探索、验证,对孩子的成长更有益。

通过游戏锻炼思考能力

做妈妈的还可以利用游戏让儿子自己寻求答案,锻炼儿子的思考能力。孩子是在游戏中长大,在游戏中满足求知欲的。当他热衷于游戏活动时,妈妈应尽量帮助他,为孩子提供各种各样的游戏材料,如小纸片、种子、泥土、小剪刀、积木、水、沙、颜料、空纸盒等,让他开动脑筋、自由地去做,千万不要因担心孩子弄脏衣服、弄伤自己而约束他。在游戏之前，妈妈可以给儿子介绍各种工具、材料的使用方法，并提醒孩子要注意安全。在孩子遇到困难时，让他自己先解决，实在解决不了时，妈妈再给予一些帮助，从而让孩子在各种活动中体验生活，学会思考，发展智力。

有时间也可以和儿子一起搞一场家庭智力竞赛，妈妈和儿子轮流做主持人，谁主持谁准备竞赛题目，设立小奖品或其他奖励措施。为了增强气氛，也可以请亲友或其他小伙伴参加。准备过程和竞赛过程都是训练儿子思考力的过程。

给儿子提供宽松民主的思考氛围

妈妈要为儿子提供宽松的环境，激发儿子的创造性和思考欲望。不可以过于压抑儿子，从而造成孩子懦弱、服从、唯命是从的性格。为了提高孩子的思维能力，父母经常要创造动脑筋的氛围，鼓励孩子多想、多问、多实践。脑子是越用越灵。为了让孩子提高思维能力，既要重视学习过程，也要在功课以外想些办法。

开阔儿子的眼界

动脑筋的故事和资料很多，有的是真人真事，有的是寓言故事，有的是科普性读物。妈妈可以与儿子共同收集一些这方面的资料，整理好放在书柜的一角。空闲时间，大家可以翻阅这些资料，互相讨论感兴趣的问题。

有条件的话，可多给孩子创造些亲身体验的机会，如在节假日带孩子去旅游，让孩子观察各种自然现象，增长各方面的知识。在睡觉前，父母可以讲一些生动有趣的故事，或让他们看一些画册、儿童读物等，并从中提出问题，让孩子思考、解答。使孩子的想象力更丰富,眼界更开阔。

　　歌德的母亲是当地市长的女儿,她性情活泼,和善可亲,能讲很多的故事。歌德从小就爱听母亲讲故事。母亲为了锻炼他的思维能力和想象能力,有意在故事讲到关键处停住,问歌德:"你说以后该怎么样啊?"这时,歌德就按照故事发展的脉络想象下去,做出各种各样的猜想。有时歌德说得不对了,母亲就像老师给学生留作业那样,让他回去好好想想,到底应该怎样才合乎情理。

　　歌德对母亲留的作业,非常认真地去完成。晚上,他躺在床上,回想着母亲讲的故事,设想故事发展的各种可能,有时还同奶奶商量,直到想出一个自己认为满意的答案为止。歌德的丰富想象力与构思能力,就是这样逐渐培养起来的。这是他后来写剧本和小说的一个重要的条件。

培养爱运动的男孩

当人们对智商、情商和财商越来越关注之时,有一个新的名词再一次浮现在人们的眼前,那就是"体商"。体商(Body Quotient,BQ)是指一个人活动、运动、体力劳动的能力和质量的量化标准。体商的测定不同于体质调查,它不是对形态的测量(身高、体重等),它需要测量的项目内容有:力量、速度、耐力、速度耐力、平衡能力、定向能力、柔韧性、协调性、灵活性、适应性,适应性又含颠簸、高山、时差、水土和睡眠适应等。体商的高低与性别、年龄、脑力和体力劳动、地区、民族以及是否残疾等有关,特别是年龄。因此不同的年龄组应有不同的检测项目和体商正常范围。

如今,越来越多的美国家庭开始注重从小培养孩子的"体商",即提高孩子对体育锻炼的热心程度。在春、夏、秋季,出生仅两周的婴儿会被抱到户外,在柔和的阳光下享受日光浴和空气浴,每次约15分钟,每日1~2次,并随着孩子的成长逐渐增加次数,延长时间。其间,妈妈会轻柔地摇动孩子的手臂、肩膀和腿。这类户外活动让孩子有机会接触到大自然,从而促进孩子身心健康发育。

运动医学专家指出，运动能使大脑处于最初的启动或放松状态，人的想象力会从多种思维的束缚中解脱出来，变得更加敏捷，因而更富于创造力。同时，运动还能促进脑中多种神经递质的活力，使大脑思维反应更为活跃、敏捷，并通过提高心脑功能，加快血液循环，使大脑享受到更多的氧气和养分来达到提升智力的作用。

许多父母单纯地把孩子的智力发展理解为识多少字，背多少诗，会多少位的加减法，甚至不惜花大量时间和金钱把孩子送去学钢琴、学美术、学外语……其实，智力不仅包括认知反应的特性，还包括有效地处理问题、快速而成功地适应新环境的能力。事实证明，对孩子进行智力开发的途径最有效的方法之一就是有目的地让孩子参加体育活动。

运动是智力发育的表现

人的运动、动作是受大脑皮层支配的。人体各部位在大脑皮层都有相应的运动中枢，加强运动能刺激相应大脑皮层，使之更活跃、更精确地支配、指导运动和动作的发展。因此，运动的发育与脑的发育在部位和时间上密切相关。

动作发育是智力发育的早期表现形式之一。所以说，如果希望自己的儿子智力发展超前，就一定要加强儿子的体育锻炼和运动能力的培养。

运动有助于孩子的创造力

哥斯达黎加儿童教育学和心理学家加夫列拉·马德里斯曾在《国民报》上撰文指出，运动、玩耍是儿童学会观察、认识、理解、说话和活动的最佳"工具",能促进儿童的大脑智力开发。他指出,科学实践证明,2～5岁的儿童中,爱玩耍的孩子大脑比不玩耍儿童的大脑至少大30%。因为,在运动和玩耍的过程中,儿童要完成几十种与大脑和思维活动有关的动作,例如掌握平衡、协调心理、处理问题等。通过玩耍和运动,孩子能提高识别物体的能力、语言表达的能力和思维想象创造力,还能消除心理压力和恐惧感等。

因此,做妈妈的应加强对儿子运动、动作能力的发展和训练,尽量为孩子创造适宜的环境、条件,鼓励孩子去活动、运动,从而促进其智力和心理的发展。

此外,参加一些运动,尤其是群体运动,还有助于培养孩子踏实、坚韧、自信的个性,以及团结合作等集体主义精神,有助于孩子以后的社会生活。

运动也是根据孩子的年龄而进行的,妈妈可以根据儿子的实际情况选择不同的方式:

1岁左右的孩子刚学会走路,妈妈可多训练他的四肢活动能力,如在床上翻身、练习爬行、训练平衡能力等。

2岁左右时,妈妈可以有意识地引导儿子进行一些动作配合的运动,比如搭积木。这些同时使用蹲、趴、举手的动作,可以让大脑的思考能力得到锻炼。妈妈也可以拿起一个玩具,然后突然松手,让孩子蹲下去捡。这种无意识的下蹲、站立对腿、脚踝关节力量、左右平衡能力都有良好的锻炼作用。

捡豆子

发育目标——下蹲

宝宝能独立站立、行走后，爸爸、妈妈就应逐渐发展宝宝"下蹲"的能力，这是一种既简便易行又颇具锻炼价值的活动。蹲下的动作，需要宝宝具备更强的身体协调和平衡能力，是促进宝宝身体运动智能发展的好方法。

个性目标——耐力

重复性游戏可以培养宝宝细心、耐心地做事，并逐渐养成习惯。

准备好了吗

一些豆子，一个小篮子。

游戏开始啦

妈妈假装不小心把豆子撒在地上，请宝宝来帮忙。

告诉宝宝捡豆子时要蹲下来一粒一粒地捡，把捡到的豆子放到篮子里。

豆子捡完了，让宝宝再找一找，有没有漏捡的豆子。

最后，妈妈要感谢宝宝的帮助。

你还可以这样玩

让宝宝捡掉在地上的卡片、玩具等都是锻炼宝宝下蹲动作的良好方式。

3岁的孩子运动能力进一步增强，对运动项目的模仿、判断等能力也更强，这时可让孩子开始进行跑步、跳绳、踢球、投掷运动，锻炼手臂、肩、肘、腿等处的肌肉；也可视孩子的自身情况，适当尝试一些简单的武术运动，如蹲马步等。

让孩子更聪明的运动

对于孩子来说,想要熟练地写字、翻书并非易事,需要孩子具有相当水平的大肌肉和小肌肉的运动能力才能胜任。有的孩子在这方面的发展相对落后,就会影响孩子在学习上取得进步。妈妈应及时抓紧锻炼儿子,帮助儿子有针对性地练习。

走直线,练平衡

保持身体的平衡也是发展运动技能的重要内容,而且孩子们的游戏中也有不少活动对平衡身体有要求。父母要知道,五六岁的孩子已经知道和其他小朋友做比较了。如果他做不好、站不住,他就会觉得很没面子。可是,平衡能力也不是一下子就能练好的,父母可以有意识地寻找机会和孩子一起练习金鸡独立的动作。比如在家里画一条直线练习走平衡,在一个点上站立不动练习金鸡独立,或踮着脚尖上台阶等。父母不要操之过急,经过一段时间的练习,孩子一定会进步的。

拍球,接球

练习拍皮球和接球可以锻炼孩子基本的"手—眼协调"和反应技能。达到目标最有效的途径就是练习、练习、再练习,这样就能较好地建立大脑反应和肌肉动作之间的记忆联系。要知道,许多运动明星也是这么练出来的。

握笔,用剪刀

握笔写字或是用蜡笔做图画似乎是每个上幼儿园的孩子都会做的事情,由于这项本领需要一系列复杂的感觉和记忆技能做支撑，有些孩子还是掌握不好。要想让孩子拿好笔、用好剪刀，一定要多做练习。妈妈可以安排孩子做一些有趣的练习活动。比如，给孩子准备一个漂亮的小镊子，请他试着往大大小小的碗里夹豆子，或是用剪刀剪剪小草棍什么的，孩子可能会比较有兴趣。

按扣子，用拉链

若干年前，衣服需要系扣子，鞋子需要系鞋带，孩子的精细动作技能在日常生活中可以经常得到锻炼。可是现在的童装穿脱起来十分方便，有许多衣服是不用系扣子的。

不过，给娃娃穿脱衣服也可以达到锻炼的目的。要是有的小男孩觉得这么做太"幼稚"了，不妨让他给自己喜爱的大动物玩具穿上小小孩的衣服。父母也可以有意识地给孩子穿一些带扣子（按扣也行）、带拉链的服装（上衣）和需要系鞋带的鞋子，使孩子有更多的机会锻炼小肌肉，同时提高生活自理的能力。

拼图

说起拼图，松松家里可有不少，从几十块一盒的到上千块一盒的都有，图案更是五花八门、色彩纷呈，因为松松爸爸觉得这是一种发展智力的游戏。从发展孩子的运动技能来看，并不是说孩子能拼的块数越多、图案越复杂就越好。在这里，拼图的目的很明确：在发展孩子的短时记忆和长时记忆的同时，提高孩子运用小肌肉进行精细运动的能力和空间技能。

既然运动有这么多的好处，那么如何让儿子爱上运动呢？

从游戏开始锻炼儿子的运动能力

孩子运动的方式多种多样,应以游戏为主,强调活动的趣味性。在游戏过程中掌握走、跑、跳、游泳、滚翻、抓握、投掷等基本技能。针对少年儿童身体发育的特点,妈妈可以让儿子参加跳绳、跳皮筋、拍小皮球、踢小足球、打小篮球、游泳等体育运动。

与妈妈一起滚皮球

与儿子一起坐在地板的两端,你喊他的名字,让他看着你,然后把小皮球滚给他。

接下来,鼓励他把球滚回给你。

当你在滚球时,可以说:"下面我要把小皮球滚给宝宝(儿子的名字)喽!",然后让儿子在滚动皮球的同时也对你说:"我要把皮球滚给妈妈喽!"

通过把球滚给你的儿子,并鼓励他把球再滚回来,可以培养儿子的运动技能。你还可以增加很多新的动作,比如先拍2下球,再把球滚出去。在设计每一个新动作时,妈妈都要多次重复做,以强化儿子大脑的神经回路。这些神经回路由大脑的思维区域进入运动皮质,再向外与肌肉神经相连。从而培养儿子的运动技能。

摸摸大树来回跑

有目的的奔跑可以锻炼孩子的奔跑技能和水平,提高孩子的运动兴趣,锻炼身体,提高体能。通过在自然环境中的各种趣味运动,也可以让儿子喜欢上大自然。研究表明,喜欢大自然的孩子往往具有乐观向上的精神状态、热情开朗的性格，能够适应集体生活，为未来的成长奠定良好的心理基础。

准备工作：爸爸妈妈带上儿子去郊游。

游戏开始啦！

选择林中的空地，让儿子自由地滚爬、奔跑、追逐。

让儿子选择一棵大树，以此为终点，跑过去，摸一下大树，再跑回来。

妈妈和儿子比赛，一起跑过去，看谁先跑回来。

让爸爸也参与进来：以大树为终点，玩龟兔赛跑的游戏。儿子和爸爸分饰角色，扮演小白兔的跑到半路睡觉了，乌龟坚持爬，一直爬到大树下，成为优胜者。

和孩子一起观看体育比赛

3～12岁是孩子形成良好习惯的关键期，这个时候孩子在生理上处于生长发育和素质发展的敏感期，可塑性大，所以，正是养成自觉锻炼身体习惯的最佳机会。妈妈可以通过和孩子一起观看体育比赛，如NBA、世界杯足球赛等，培养儿子对体育的兴趣，并教给儿子相关的竞技规则。让儿子在看比赛的时候能看得懂，乐意看。

观看完比赛，妈妈可以与儿子、爸爸一起进行一场家庭竞赛，运用正式比赛的规则。

教孩子1～2种球类活动

如乒乓球、篮球、排球、足球、羽毛球等大众球类运动，不仅能增强孩子的运动技能，而且也在运动中培养了他的规则意识和团结合作精神。让孩子在球类运动当中懂得，任何运动都需要艰苦的训练，也需要团队合作，这样才能取胜。如果父母在球类运动上没有令人骄傲的技艺，那就让孩子参加一些运动训练班，千万不要禁止孩子参加运动。

不要给孩子压力

让孩子自由地运动，主要是让孩子养成良好的运动习惯，养成健康的生活方式、良好的卫生习惯，让孩子拥有健康的体魄，所以只要孩子敢于参与就是值得鼓励与肯定的。父母不要太在意孩子在运动中或者比赛中的名次，过分要求孩子获得荣誉争面子，这样将会加重孩子的心理压力，还可能使孩子厌恶体育、逃避运动。

孩子不宜太早进行的运动

虽然运动有着诸多的好处，但是，孩子终究是孩子，很多运动还是不宜过早尝试的。专家指出，人在过量运动时，为防止能量进一步消耗，会感觉极度疲劳，浑身无力，大脑反应减慢，如果长时间过量运动，会使大脑机能受损，尤其是孩子，过量运动极易出现注意力不集中、失眠、健忘，甚至缺氧等现象。

兔子跳

在做兔子跳运动时，人体重心所承受的重量相当于自身体重的3倍，每跳一次膝盖骨所承受的冲击力相当于自身体重的三分之一，这样对骨化过程尚未完成的孩子来讲，很容易造成韧带和膝关节半月板损伤。

倒立

尽管儿童的眼压调节功能较强,但如果经常进行倒立或每次倒立时间过长,会损害眼睛对眼压的调节。

碰碰车

10岁以下儿童不宜玩碰碰车。少年儿童的肌肉、韧带、骨质和结缔组织等均未发育成熟,非常脆弱,受到强烈震动时容易造成扭伤和碰伤。

滑板车

8岁以下儿童不宜玩滑板车。儿童身体正处于发育的关键时期,如果长期玩滑板车,会出现腿部肌肉过分发达,影响身体的全面发展,甚至影响身高发育。此外,玩滑板车时腰部、膝盖、脚踝需要用力支撑身体,这些部位非常容易受伤,所以一定要做好防护,最好有父母陪护,并且找平坦宽敞的非交通区域玩耍。

拔河

从生理学角度来讲,儿童心脏正在发育中,植物神经对心脏调节功能尚不完善,当肢体负荷量增加时,主要是依靠提高心率来增加供血量。拔河需屏气用力,有时一次憋气长达十几秒钟,当由憋气突然变成开口呼气时,静脉血流也会突然涌向心房,损伤孩子柔薄的心房壁。有医学工作者曾对250名5至6岁的儿童在拔河比赛中进行生理检查,发现心率均高,赛后1小时有30%的儿童心率未能恢复正常。

除了对心脏造成影响外,拔河还可能伤到孩子的"筋骨"。儿童时期身体的肌肉主要为纵向生长，固定关节的力量很弱，骨骼弹性大而硬度小，拔河时极易引起关节脱臼和软组织损伤，抑制骨骼的生长，严重的还会引起肢体变形，影响儿童体形健美。

力量锻炼

孩子生长发育时都是先长身高，后长体重，其身体发育以骨骼生长为主，还没有进入肌肉生长的高峰期。如果过早进行肌肉负重的力量锻炼，一方面会让孩子局部肌肉过分强壮，影响身体各部分匀称发育；另一方面则使肌肉过早受刺激变发达，给心脏等器官造成较重的负担；还有可能使局部肌肉僵硬，失去正常弹性。所以，妈妈不要让儿子过早做引体向上、俯卧撑、仰卧起坐等力量练习。

长跑

长跑属于典型的撞击运动，对人体各关节的冲击力度很高。孩子经常长跑锻炼，对关节处的骨骼发育不利。尤其是在坚硬的马路上进行冬季长跑时，对关节冲击力更大，骨骼容易出现炎症，从而影响孩子长个子。另外，长跑也是一项心脏负荷运动，孩子过早进行长跑，会使心肌壁厚度增加，限制心腔扩张，影响心肺功能发育。另外，孩子体内水分占的比重相对较大，蛋白质及无机物的含量少，肌肉力量薄弱，若参加能量消耗大的长跑运动，会使营养入不敷出，妨碍正常的生长发育。

极限运动

孩子正处于生长发育期，器官各方面还没有成熟，很难承受极具"挑战性"的极限运动,而且很容易造成损伤,比如,超过孩子身体自身承受能力几倍的大运动量就有可能导致孩子肌肉因长期处于极度疲劳状态,造成肌肉疲劳损伤,容易留下运动损伤后遗症。

小区健身器材

公共健身器材对安全要求很高。小区里的健身器材原则上就是给中老年人配备的,目前还没有安装适合孩子的健身器材。目前孩子使用健身器材不当引起的伤害不断增多,甚至出现了重伤、残疾的现象。做妈妈的一定要注意。

专家认为,针对孩子的身体发育特点,父母可以让孩子进行跳绳、弹跳、跳皮筋、拍小皮球、踢小足球、打小篮球、游泳等体育运动,这些项目既有助于增加孩子的身高,又不会伤害身体。另外,对于尚未发育成熟的儿童,一次运动时间最好不要超过一个小时,间隔十几分钟,休息一会儿后再运动。一天的运动量不能过大,以运动后孩子不感到疲劳为限。

培养有爱心的男孩

雨果说:"人世间没有爱,太阳也会死。"冰心说:"有了爱就有了一切。"爱是人类最伟大的情感,是所有高尚品质和美好道德的核心。关爱他人不仅是一种传统美德,也是未来人才的基本素质要求。

然而,现在的孩子多是独生子女,在家中地位优越,受到父母长辈的百般宠爱与呵护,不少孩子不同程度地表现出只知道要人关心要人爱,而不知道关心体贴他人的思想和行为,更少有主动去同情别人的困难与不幸并予以帮助的行为表现。

尤其是男孩很少像女孩那样用语言和倾听来表达自己的关切,显得更为冷漠。通常,男孩更注重自己能够为对方做些什么具体的事情、给予对方切实的帮助。当妈妈情绪不好或者身体欠佳的时候,女儿也许会陪伴着妈妈,说些甜蜜的话语,儿子却会用实际行动表达他对妈妈的关爱。比如,会笨手笨脚地给妈妈倒一杯水,或者积极地收拾好自己的玩具,表示他不用妈妈操心。

据报道,在对某幼儿园孩子的心理测试中,绝大多数孩子对置无家可归的小猫于死地的办法兴致勃勃；对不小心冒犯了自己的人，约占 57.1% 的孩子决定采取"报复行动"；对处于困难中的小朋友，有一半的孩子表示不愿意提供帮助，而且还编出了种种不愿帮助的理由。测试结果使测试者不得不得出了这样的结果：现在的孩子普遍缺乏爱心、同情心。

以下是孩子爱心不足的表现，看看您的儿子是这样的吗？

1. 对自己的物品很敏感，不许别的孩子碰；

2. 应允的计划或结果改变时，孩子不能容忍；

3. 很少承担相应的家务活；

4. 不记得父母生日；

5. 经常会与同伴打架或闹别扭；

6. 会看不起班上的某某同学；

7. 孩子有了助人行为时，很少得到及时表扬。

8. 看到别的同学犯错误，没有劝告；看到老师批评惩罚犯错的小朋友时表现出幸灾乐祸的情绪；

9. 孩子拥有较多的攻击性的玩具（如刀、枪、剑等）；

10. 孩子喜欢看攻击性的打斗片；

11. 孩子崇拜攻击性的卡通（或现实）的偶像；

12. 孩子认为在家里，她（他）是最重要的。

孩子正处于生理、心理发育期，对爱的感受最自然、最丰富。爱的教育对孩子来说十分重要，让孩子在被人爱中感受温暖、快乐，并由此学会爱别人，帮助别人，形成健康的人格。做妈妈的要把握住这一关键时期，通过教育把孩子从自然人培养成为懂得爱、珍惜爱、有爱心、有责任感的拥有健全人格的人，成为社会有用的人。父母生病了，让孩子来照料；父母上班累了，让孩子多做一些家务；公交车上让孩子给老人让座位；在外边玩的时候照顾比自己小的伙伴等。借助生活中一点一滴的小事，反复加深孩子的印象，使孩子明白帮助别人，能给被帮助者和自己都带来快乐，让孩子体验到爱带来的幸福感。

做妈妈的有效利用以下办法，可以培养和增进儿子的爱心。

及时纠正缺乏爱心的表现

每个小孩子都会有缺乏爱心的行为表现，这通常并不是他们的主观动机，而是身心发育不完善导致的，但是如果妈妈的爱心教育跟不上，孩子这种偶尔为之的行为就会形成稳固的习惯，以后再纠正就难了。因此，当孩子表现出缺乏爱心的行为的时候，妈妈要及时地制止孩子，告诉孩子哪些地方错了。

强化有爱心的表现

对于孩子在日常生活中充满爱心的行为表现，妈妈要及时地肯定表扬孩子，亲吻或者拥抱孩子，让他知道自己的行为是值得奖励的，感受到妈妈对这种好的行为的支持。这样，受到鼓励的孩子会比较容易再次出现类似的爱心行为。

培养儿子爱家人的情感

孩子是在家庭的精心爱护下成长起来的，家人为他的成长付出了无私的爱，而这种爱往往是单向性的，孩子尽情享受着来自家人的爱，认为这是理所当然的，却很少能主动去关爱家人。做妈妈的要充分利用各种节日,如"三八"妇女节、重阳节、父亲节、母亲节、劳动节等对儿子进行爱的教育,让爱成为儿子的习惯。

培养儿子对外人的爱心

总是把孩子关在家里,是培养不出真正的爱心的。因为在家里,孩子属于"弱势群体",享受着很多"特权"和"优惠",家人总是不知不觉地让着孩子。因此,要真正培养起孩子的爱心,必须得把孩子带出去,与社区里的人照面,与同龄小朋友交往,在更广泛的范围中培养孩子的"爱心情商"和表达爱心的技能。

在大自然中培养儿子的爱心

教育孩子与大自然的花草、植物、动物和谐相处,是培养孩子爱心不可缺少的内容,也是锻炼孩子爱心迁移能力的捷径。

英国人教育孩子从小要善待一切生命,包括动物、植物等。天气好的时候,他们会带孩子到农场去看看大自然,或者就在自家的花园感受大自然。即使像蚂蚁这样的小生命,即使在夏天厨房爬满了蚂蚁的时候,他们的妈妈也会一边消灭蚂蚁,一边告诫他们的孩子,绝对不能玩弄蚂蚁,不能让它们死得太痛苦。而且只要打一两个就可以了,这样其他的蚂蚁会发出警报,让其他的同伴不要到这里来了,或者把蚂蚁捉到小瓶子里,然后拿到花园去放生。

德国的爱心教育

众所周知,德国是引发两次世界大战的"罪魁祸首"。所幸的是,德国各阶层能够深刻地反思这段历史,甚至因此格外重视对孩子善良品质的培养,并将其列为德国教育的有机组成部分。

爱护动物

爱护小动物是许多德国幼童接受的"善良教育"的第一课。在孩子刚刚学会走路时,不少德国家庭就特意为孩子喂养了小狗、小猫、小兔、小金鱼等小动物,并让孩子在亲自照料小动物的过程中,学会体贴入微地照顾弱小的生命。幼儿园也饲养了各种小动物,由孩子们轮流负责喂养,还要求孩子们注意观察小动物的成长、发育和游戏,有条件的还须作好"饲养记录"。孩子们正式入学后,他们的作文中常常会出现有关小动物的生动描绘,其中优秀的篇章会被教师推荐为范文在壁报发表。此外,利用自己积蓄的零用钱来"领养"动物园里的动物,或捐款拯救濒临灭绝的动物也是德国小学生热衷的活动。

德国的中小学还普遍开展有关"善待生命"的讨论或作文比赛。一个13岁的男孩以充满爱怜的笔调,记录了他为一只小鸟医治创伤,后来又将其放归大自然的过程,文章荣获了该校"善待生命作文大赛"的第一名。相反,虐待小动物的孩子轻则须接受批评或训导,重则可能受到大人的惩罚,如果效果不明显,还可能被送去作心理治疗,因为这是比学习成绩滑坡更为严重的"品德问题"。

越来越多的德国人已有这样的共识:小时候以虐待动物为乐的孩子,长大了往往更具暴力倾向。

同情弱者

同情、帮助弱小者也是德国人对孩子进行"善良教育"的另一重要内容。在成人社会的倡导、鼓励下，孩子们帮助盲人、老人过马路早已蔚然成风，为身有残疾的同学排忧解难也并不是什么新鲜事。

有一个孩子曾粗暴地将上门乞食的流浪者驱赶出门，全家人为此特意召开了家庭会议。大人们严肃、耐心地启发孩子：流浪者尽管穿着邋遢，但同样享有人的尊严。使孩子明白了一个道理：仰慕强者也许是人之常情，而同情弱者更是美好心灵的体现。后来，孩子建议邀请此受辱的流浪者来家做客，大人们则毫无保留地支持。

宽容待人

"宽容待人"被德国人普遍认定为一个人"善良品质"的一方面。一个叫雪丽的7岁小女孩在自己的生日晚会上遭到好友梅芙的无端抢白而感到大丢面子，因而试图报复以泄心头之恨。但后来在母亲的劝说下，她通过和梅芙谈心了解到：当时梅芙喂养的小兔子突然死去，心情十分沮丧，故难免"出言不逊"。在经过一番"将心比心"后，雪丽宽容地原谅了梅芙，两个小伙伴的友谊更深厚了。

唾弃暴力

对孩子进行"善良教育"时，德国人还十分重视"反面教员"的作用。对那些中小学校校园里出现的恃强欺弱的所谓"小霸王"，校方的反对态度非常鲜明。据悉，凡经2次记过仍不思悔改的"小霸王"，校方即果断地予以开除，接着再由"不良少年管教部门"给予管教。

对于影视节目中频频出现的暴力镜头，无论是教师还是父母，都十分注意引导孩子以"批判"的眼光来审视。

德国制造的武器之精良举世闻名,但德国人并不赞成玩具商开发高科技"暴力玩具",更不支持孩子(特别是男孩)与玩具枪炮、坦克为伴。因为德国研究者已找到了越来越多证据证实:小时如经常用玩具"模拟杀人",长大后难保能成为和平人士。一些联邦议员也指出:让德国男童少与玩具枪炮为伴是"明智"之举。也许,还能预防德国重蹈"历史覆辙"。

爱是人间最美的语言,爱是人们最高尚的情操。"只要人人都献出一点爱,世界将变成美好的人间……"在生活中,一个亲切的问候,一个真诚的微笑,都在传递着爱的真谛,爱无处不在、无时不有,爱像生命中的一缕阳光,能把心灵的冰霜融化,又像春雨能滋润心田,爱是无私的,博大的。对孩子进行爱心教育是一个永恒的话题,也是对孩子进行素质教育的一项奠基工程,爱心教育的实施将对孩子一生的健康发展起到促进性的作用。只要在孩子心灵中播下爱的种子,一定会收获丰硕的果实。

让儿子尽显阳刚之气

当我们惊呼体育竞技场上的"阴盛阳衰"现象时,在小男孩的群体中也出现了一些令人深思的"不和谐"现象。本来男孩应该是保护别人的,但是现在却在寻找别人的保护。他们已经被家庭的"爱"淹没了。这些孩子一旦离开了家庭,就什么都不会做,缺乏自立精神。

出现男孩阳刚之气衰微的原因

不舍得让男孩吃苦

过去,靠男孩子"传宗接代"的陈旧观念作祟,人们常常把男孩子看作是家庭的根本和支柱,对他们寄予着深切的希望,因为,家庭未来的担子要靠他们来承担。现在,家庭对男孩子的期望值发生了变化。由于每个家庭只有一个孩子,很多家长便把男孩子当成了宠物,不再对男孩子委以重任了,他们觉得,仅有的一个孩子很难以稚弱的肩膀承担任何责任。

家庭环境的影响

有的家庭喜欢安静而有序的生活,对孩子的吵闹极为厌烦,小男孩稍有顽皮吵闹就会遭到训斥,长此以往,在母性的循循善诱下,他们也会变得和小女孩一样细腻,胆小,依赖性强,习惯于独自安静玩耍。

父爱缺失

在竞争日趋激烈的现代社会环境中,许多父亲将越来越多的精力都用在工作上,力争在社会上出人头地,而对家庭里的事,特别是有关孩子的教育方面的事投入精力和时间太少,将此重任托给母亲,回到家里也很少与孩子在一起,有的甚至认为"教孩子"是一件自找麻烦的事情。而事实上,男孩子早期男性观念与行为的获得很关键的就是观察、模仿父亲的语言与行为,并接受家庭特别是父亲对其男性化角色的规范影响,在父爱缺失的家庭里,孩子一直都是母亲陪伴的,母性的温柔和性别角色更多地潜移默化地影响了儿子,小男子汉应有的阳刚之气悄然离去。

学校环境的影响

在学校里,老师们总是愿意让一些乖巧听话的女孩子来担任干部,男孩子充其量只是小队长、中队委。因此给予男孩子展示自己能力的机会很少,加之他们调皮、好动的天性又常常招致老师们的批评,失败的情绪越来越重,所以,他们变得胆小,变得唯唯诺诺。

男子汉如果失去了阳刚之气,对个体,对社会乃至对整个民族而言,不能不说是一种极大的遗憾,因此,做妈妈的一定要注重对儿子阳刚之气的培养,使儿子成长为一名名副其实的男子汉。

不要压抑男孩的"刚"

家有男孩的家长们都会有这样一个感受:儿子太爱管闲事,尤其爱打抱不平。看到家里的小狗欺负小猫,他就会把小狗追得满屋乱跑;遇到高年级的学生欺负小学生,他总把拳头攥得紧紧的,想跳出来为小学生讨个公道。小男孩的成长中似乎充满了战争,让妈妈十分担心。

美国心理学家丹尼鲁·庞斯认为,儿童之间的"战争"游戏应该说是正常的,有助于儿童建立社会正义感。从发展心理学的角度看,儿童的"战争"观念和成人的"战争"观念不同,前者是一种游戏行为,而不是成年人心目中的道德行为。

给儿子一个男性偶像

在人生的不同阶段,男孩总是要在身边寻找一位男性作为榜样来效仿。比如,爸爸。如果爸爸工作很忙,做妈妈的要适当地寻找一个男性来陪伴儿子的成长。比如男性亲属、孩子的老师等。或者也可以找一个故事、电影中的英雄形象来教育儿子,只要引导得当,都会培养出一个小男子汉。

在男孩心目中,英雄是伟大的、神圣的,妈妈也可以抓住儿子的这一心理,轻易地让孩子改正很多缺点。如挑食、不讲卫生、不懂礼貌等。妈妈如果借助英雄的形象、英雄的口气去教育他们,不仅能让儿子改正缺点,而且可以让他向更高的要求发展。

给儿子当英雄的机会

爱打抱不平是男孩一种本能的反应。每个男孩都有英雄情结,他们总是同情弱小，希望正义永远战胜邪恶；他们常常幻想自己能够身怀绝技，去与恶势力作斗争，让自己成为人们心目中的英雄。因此，当男孩们看到邪恶势力占据上风时，或者看到有人恃强凌弱、以大欺小时，他们往往会情不自禁地攥紧拳头，为正义而打架。

做妈妈的要学习如何引导儿子正确地充当英雄的角色，让儿子明白，除了打架之外，还有很多方法可以帮助弱小者脱离困境。

让儿子多玩一些"野蛮游戏"

体力类与竞技类游戏可以促进孩子体内激素的分泌，让孩子变得更有野性，性格更加外向，这对男孩子的心理健康非常重要。比如顶牛、杠上夹驴、骑马打仗等，这些游戏可以提高孩子的兴奋度、主动性、竞争性、攻击性，对小男子汉来说，这些是非常必要的。在形成这些性格要素的时候，孩子的顽强毅力，抗挫折能力得到很大提高，一次输了，没关系，从头再来。即使摔倒了，在没摔坏的情况下，孩子也会笑着爬起来，坚强地继续玩。

尤其难得的是，这些看似"野蛮"的游戏，还可锻炼孩子的交流能力。在游戏中，他会明白怎么和小伙伴配合，怎样才可以赢或者不输得难看，而对待对手，也会采取一些交流的方式，以保证游戏继续进行。在交流中，孩子的心态也会变得豁达，对自己的表现和对手的表现都能够包容。

让儿子成为妈妈的保护神

虽然 Y 染色体已经为男孩规划好了成长蓝图，但他们的男性特征要靠他们体内的雄性激素——睾丸素的刺激才能显现出来。

要想把自己的儿子培养成为适应未来社会的男子汉，当妈妈的不妨表现得弱一些，给孩子提供显示本事的机会。如果妈妈过于能干、刚强，就会使孩子没有施展自己本领的天地，他会变得软弱；相反，如果妈妈表现得柔弱一些，会令男孩坚强起来，意识到自己有保护弱者、保护母亲的责任，从而更大限度地把男孩的男性特征激发出来。在日常生活中，妈妈可以让儿子做一些力所能及的事情，如让儿子帮忙扔垃圾、帮妈妈拎一些轻便的购物袋……

著名教育家、知心姐姐卢勤常说，妈妈"弱"一点，儿子就会强。她在对儿子的教育上也是这么做的。有一年，卢勤的丈夫出国留学了，她独自照料3岁的儿子。卢勤胆子很小，她家楼上有人养了一条大狗，每次上楼，狗一叫，卢勤就吓得直哆嗦。以前，都是丈夫走前面，卢勤跟在后面。送丈夫到机场那天，卢勤对儿子说："这回惨了，你爸走了，我连楼都不敢上了！"儿子拍着胸脯说："别怕，有我呢！"于是，爸爸不在家的日子，每次上楼，儿子走前面，卢勤跟在后面。大狗一叫，儿子虽然也害怕，却壮着胆子对妈妈说："别怕，有我呢！跟我走！"每到这时，卢勤都向儿子感叹说："有儿子就是不一样！"母亲一夸奖，一种庄严感在儿子心中油然而生，他会觉得保护母亲是自己的责任。

美国的"拯救男孩"计划

在美国，政府开展了"拯救男孩"计划，指出"男孩落后"的原因包括没有父母关爱、缺少男性教师和脂肪含量过高（能导致孩子过度活跃和注意力不集中）。有数以百计的研究表明，电视暴力也和孩子的攻击性行为有关。有人认为，男孩们的现状反映了如今的文化特征：形象缩水的父亲，游手好闲的花花公子文化使学术成就黯然失色，被美化的黑帮文化，等等。男孩比女孩成熟得晚，因此往往也更难抵制这些诱惑。

此外，学校也在无意中扮演了重要角色。事实上，很多校长认为是男孩本身有问题，而不是学校对待他们的方式有问题。男孩甚至连手指神经都比女孩发育得晚，因此让男孩握住铅笔并写出漂亮的连体字更加困难。这些发育上的差异往往使男孩被视作笨或迟钝，这使他们从一年级开始就讨厌学校。

美国教育专家指出，教育者应该重点帮助男孩们减轻格格不入的感觉，重视男孩的感情世界也会取得效果。有专家正在研究更符合孩子发育特点的学习新方法，这种方法将把重点放在解决问题而不是考试上。例如，男孩们可以通过数松果来学习数学，可以一边在池塘边闲逛一边学习生物。他们将用《哈利·波特》作为阅读读物，写外星人袭击医院的故事，而不是写如何在医院照顾病人。

培养儿子良好的习惯

男孩总是非常懒惰,不但从来不做家务,就连自己的房间也懒得去收拾;

男孩不爱干净,如果不是在妈妈的催促下,他们恐怕一个月都不会洗一次澡;

男孩总是精力不集中,上课时不是魂游天外,就是偷偷在课桌下鼓捣什么东西;

男孩总是粗心大意,常常丢三落四,不是把作业忘在家里,就是把课本、文具盒等忘在家里;

……

男孩似乎天生就没有什么好的习惯,身上到处是坏毛病。

尽管妈妈多次提醒,儿子丢三落四的毛病就是改不掉。

尽管母亲多次向儿子表示"抗议",但儿子的房间还是乱得像"猪窝"。

每位妈妈都深爱着自己的儿子,为了儿子的健康成长,她们细心地、无微不至地照顾着儿子。然而,正是在妈妈的悉心照料下,儿子身上出现了很多的坏习惯。

著名青少年教育家孙云晓先生曾说，好习惯对儿童来说是命运的主宰，是成功的轨道，是终生的财富，是人生的格调。教育家叶圣陶也指出："教育就是培养习惯。"养成良好的习惯是素质教育的归宿。一个中国的博士曾对德国的酒鬼做了细致的观察：发现在德国即使是一个喝醉了的酒鬼，也不会随地乱扔酒瓶；而是摇摇晃晃，为手里的空酒瓶子寻找垃圾箱；找到后还会努力定定神，仔细看一下垃圾分类，再把瓶子放进去……这就是典型的习惯行为。

著名教育家乌申斯基说："如果你养成好的习惯，你一辈子都享受不尽它的利息；如果你养成了坏的习惯，你一辈子都偿还不尽它的债务；坏习惯能以它不断增长的利息让你最好的计划破产……"

孔子说："少成若天性，习惯如自然。"意思就是小时候形成的良好行为习惯和天生的一样牢固。孩子的心灵是一块神奇的土地，你播种一种思想，就会收获一种行为；播种一种行为，就会收获一种习惯；播种一种习惯，就会收获一种性格；播种一种性格，就会收获一种命运。习惯对于孩子的生活、学习以至事业上的成功都至关重要。

因此，做妈妈的一定要在儿子的习惯培养上下大工夫。培养孩子的良好习惯可从以下几个方面做起：

生活习惯

生活是人生的第一课，也是最基本的课程，生活习惯的好坏不仅影响着孩子的身心健康，而且也是孩子综合素质的体现。良好生活习惯的养成能使孩子受益终生。主要包括以下几点：

1.饮食习惯

加拿大最新研究报告指出，饮食习惯健康的孩子，在学校表现更好，成绩更高。研究人员还对孩子进行了标准读写测试，分析饮食习惯与学习能力间的关系。结果发现，相较于饮食不佳的小孩，健康饮食的小孩比较容易通过考试。

妈妈要帮助儿子养成定时定量定点吃饭的习惯。一日三餐定时，有助于肠胃对食物有效的消化，并保证充分足够地消化吸收营养和保持旺盛的食欲。

妈妈要教育儿子不要偏食。要有意识地用语言对孩子进行积极的心理暗示，如"今天的拌黄瓜真好吃，又鲜又脆"等，激起孩子的兴趣和食欲。

妈妈要让儿子尝试自己吃。孩子在七八个月时就有自己拿勺子"吃饭"的欲望，做妈妈的要尽量放手让孩子自己去做，不要因孩子吃不好而去限制、指责他。

创造宽松愉快的进餐气氛也是培养孩子良好饮食的一个方法。一个整洁有序、愉快安静的进餐环境，可以使孩子保持良好的进餐情绪，让孩子感受进餐时的快乐气氛，进餐时播放一些优美动听的音乐是有益于消化的。

英国家庭素有"把餐桌当成课堂"的传统，从孩子上餐桌起，家长就开始对其进行有形或无形的"进餐教育"。

鼓励孩子自己进餐。孩子长到一周岁至一周岁半时，开始喜欢自己用汤匙喝汤吃菜。绝大多数英国家长认为，孩子想自己进食，标志着一种对"人格独立"的向往，完全应给予积极鼓励。

杜绝偏食、挑食。英国人普遍认为，一个人偏食、挑食的坏习惯多是幼儿时期家长迁就造成的，因而他们特别重视幼儿时期的偏食、挑食情况，如幼儿一个劲儿地只吃某种菜而对其他菜不屑一顾时，家长往往会把此菜收起来。他们还认为，餐桌上对孩子的迁就，不仅会影响孩子摄入全面、充分的营养，而且会使孩子养成任性、自私、难以自控等人见人厌的性格。

学习用餐礼仪，英国孩子一般2岁时就开始系统地学习用餐礼仪，4岁时就学会用餐时的礼仪了。

进餐前后，让孩子帮忙做事。稍大一些（比如5岁左右）的孩子都乐于做一些在餐前摆放餐具、餐后收拾餐具等力所能及的杂事。这样，既可以减轻家长负担，又让孩子有一种参与感。

重视环保教育。五六岁的孩子应该知道哪些是经再生制造的"环保餐具"，哪些塑料袋可能成为污染环境的"永久垃圾"。外出郊游时，他们会在家长的指导下自制饮料，尽量少买易拉罐等现成食品，并注意节约用水用电，因为他们懂得"滥用资源即意味着对环境的侵害"。

2.起居习惯

妈妈要培养儿子按时入睡的习惯。到了睡觉时间，就要给他创造一个睡眠环境，如保持室内光线柔和舒适安静，不要大声吵闹，睡前不要让儿子太过兴奋，也不要讲惊险恐怖的故事。另外，妈妈还要培养儿子按时起床的习惯。做妈妈的切不可因为忙而不按时让儿子睡觉，或者自己睡懒觉，这些都会在无形之中养成儿子不好的起居习惯。

美国第32届总统富兰克林·德拉诺·罗斯福是美国历史上唯

一连任四届的总统。他出身于富豪家庭,父亲学过法律,又经过商,家里很有钱。罗斯福的父亲和母亲相差26岁,当罗斯福出生时,父亲年龄已经很大了。罗斯福有一个同父异母的哥哥,可是很早就离家在外,罗斯福的降生给这个本来就十分幸福的家庭又带来了无比的欢乐。幼小的罗斯福成为父母关注的中心。然而,罗斯福的父母并不娇惯他,而是严格地管束他,特别是罗斯福的母亲。

母亲为小罗斯福安排了很严格的作息时间表:7点起床,8点吃饭,跟家庭教师学习两三小时后休息,下午1点吃饭,午饭后又学到4点,然后自由活动。正是母亲对罗斯福的严格教育,使其经受住了人生的许多磨难,成就了一番大事业。

3.卫生习惯

养成良好的卫生习惯,有益于孩子身心的健康成长,可减少一些皮肤病、寄生虫病、胃肠道疾病、传染病的发生。

要让孩子养成早晚洗手洗脸,外出回家、吃东西前均洗手的习惯。要教育孩子饭前、便后主动洗手,弄脏手、脸后随时洗净。孩子两岁时,开始用凉开水漱口,三至四岁时让其饭后漱口,开始学刷牙,早晚各一次。一定要教会孩子正确的刷牙方式。养成睡觉前洗脚的习惯。夏天应天天洗澡、换衣,其他季节也应定期洗澡、洗头,勤换内衣裤。要给孩子勤理发,勤剪指(趾)甲。孩子的头发以整洁、大方为宜。指甲长了,藏污纳垢,很不卫生,也容易抓伤皮肤,大一些的孩子的妈妈应教会其自己修剪。

妈妈要勤督促、多指导,多用语言鼓励儿子,使儿子逐渐养成良好的卫生习惯。

细心的习惯

粗心大意是许多男孩子爱犯的毛病,它的危害是不言而喻的。从长远来说,会影响到事业的成功,就小处而言,生活中会丢三落四,学习上错误百出。

孩子容易粗心的原因主要有以下几点:

1. 儿童的视觉识别和记忆能力不强,所以难免出现看错或看对写错的现象。

2. 注意力不够集中,心在此而意在彼,那错误也就难免会发生了。

3. 有时候一些看似是由粗心引起的错误,实际上是基础不够扎实、知识掌握不牢固、答题技巧不熟练造成的。

4. 任务太多,孩子心急,也会造成粗心。

5. 没有养成良好的及时纠正错误的习惯,平时做事情都有老师和家长来协助其检查错误并改正,孩子没有形成良好的及时检查、及时改错的习惯。

细心也是一种能力,它是一种心理素质,是完全可以有意识地培养的。做妈妈的要想儿子改掉粗心大意的毛病就要关注以下几点:

1.从日常的小事抓起

由小到大,循序渐进,是养成良好习惯的必由之路。妈妈可以首先从儿子身边的小事来要求他。比如,一开始要求他每天叠被子、打扫自己的房间、收拾书包;把用过的物品"物归原处";学习资料要摆放有序;做完作业就整理书包,且一样一样检查。

在他做这些的同时，妈妈要巧妙地不断提醒、指导儿子，并配以适时和恰当的鼓励。一段时间后，儿子就会习惯成自然地认真去做每一件事。

2.妈妈要以身作则

一方面，在日常生活中，妈妈要用自己的细心去感染儿子，比如把家里布置得井井有条，建议孩子学会自己整理东西、收拾房间，培养孩子自己的事情自己负责的责任感。另一方面，妈妈不可以完全包办儿子的事情，比如帮他检查作业等，这样做孩子自然就不会认真细心地自我检查了。

3.排除干扰，给孩子安静做事的氛围

很多时候孩子粗心大意是因为受到了过多的干扰，从而心绪烦乱，情绪不稳，注意力涣散，很难做到全神贯注。因此，为了让孩子能够专注地做事，妈妈在孩子做作业时要尽量不看电视，不聊天，做事也尽量不弄出声音，最好是陪儿子一起看书学习，既可以排除对儿子的干扰，又为儿子提供了一个学习的榜样，从而创造出一个良好的学习环境，使儿子能够集中注意力。

4.提高儿子的知觉、思维能力

粗心的孩子往往是动手快于动脑，事先缺乏仔细的观察和全面的思考。针对这样的孩子，需要妈妈对他进行耐心的、细致的指导，帮助他形成新的知觉、思维和行为的模式。

首先，要培养孩子良好的知觉辨别能力。如让儿子玩"找相同点"和"找不同点"的图画游戏，让儿子去发现各种细节上的差异和变化，培养他仔细观察、仔细比较的能力，并要求他把比较的结果用语言大声地讲出来，以巩固知觉的发现。这种游戏也不仅限于图画，随时随地都可以进行，比如走在路上看到树叶上的一只小虫，妈妈也可以让儿子去仔细观察，虫子身上有几个花斑、几条腿等。

其次，要培养儿子从不同角度去观察和思考的能力。年幼孩子的思维缺乏可逆性，难以从不同的角度考虑同一问题，需要大人的具体指导。

5.给儿子贴上细心的标签

一谈到儿子，很多妈妈都会不自觉地说："唉，我那个粗心的儿子……"很多时候，孩子的粗心只是一时的，但在妈妈的不断强化下，却变成了一种习惯。因此，做妈妈的不要把眼光总盯在儿子的粗心上，而应去找到儿子细心的表现，并不断的表扬鼓励肯定赞美，受到鼓励的儿子会逐渐强化自己的细心，并自觉改正自己粗心的地方。久而久之，细心就会成为品质，而粗心就会渐渐地退而求其次。

文明礼貌的习惯

为了准备人类第一次载人太空飞行，苏联宇航局从1960年3月开始招募宇航员，这期间训练了至少20名宇航员，最终选中了加加林。其中，起决定作用的原因是在确定人选几周前的一件偶然事件。在尚未竣工的陈列厂内，受训的宇航员们第一次看到东方号宇宙飞船。主设计师科罗廖夫问谁愿意试坐，加加林报了名。在进入飞船前，加加林脱下了鞋子，只穿着袜子进入还没有舱门的座舱。这一举动赢得了科罗廖夫的好感。他发现这名27岁的青年人如此珍爱他为之倾注心血的飞船，于是决定让加加林执行这次飞行。

加加林凭借脱鞋进舱这个细小的动作赢得了"一步登天"的机遇，而这正是良好的习惯的魅力。

中国是个讲究礼节的国度，文明礼貌应从小培养。俗话说"三岁住皮，五岁住骨"，应及早种下好种子，日后才会绽放出美丽的花朵。礼貌看起来是种外在行为的表现，实际上反映着人的内心修养，体现一个人自尊和尊重他人的意识。培养孩子文明礼貌的习惯，要从一点一滴做起。妈妈可以从以下几个方面入手：

1.培养儿子的礼貌言行

妈妈要教儿子学习使用文明礼貌用语，如您好、请、谢谢、对不起、请原谅。同时，要注意培养儿子的文明举止，见人要热情打招呼，别人问话要先学会倾听，并有礼貌地回答，保持服装整洁，站有站相，坐有坐相。有客人来家里玩，要学会以主人身份招待客人，注重礼貌待客。

2.给儿子树立文明的榜样

家庭是孩子学习的第一场所，妈妈的榜样作用十分重要。做妈妈的自身的文明素质比较高，自然会影响儿子。古语说："己正而后能正人。"作为妈妈若要求孩子礼貌待人，首先自己要作表率，妈妈对孩子的影响最直接、最深刻。妈妈的身教是对儿子最生动、最实际的教育。妈妈通过自身的礼貌言行给儿子作示范，使儿子在亲身体验和实践中理解文明、礼貌、热情的含义，潜移默化地影响儿子，使儿子在耳濡目染中逐步形成礼貌待人的品德。

在培养儿子讲礼貌的过程中，妈妈要注意在儿子没有讲礼貌的时候，千万不要强迫儿子。比如，有客人来家里，儿子躲在房间里不出来，不与人打招呼，妈妈非得把儿子拉出来跟客人问好，结果导致儿子产生了逆反心理。事实上，妈妈这种强迫的行为本身就是不礼貌的。孩子不愿意与人打招呼必然是有原因的，比如害羞；孩子认为客人是父母的客人，与自己没关系；或者他正在做作业，一时忘记了打招呼……这种时候，做妈妈的应该引导儿子去跟客人打招呼，如果儿子实在不想打招呼，妈妈当时就不应该继续强迫孩子，应该在事后告诉孩子："与人打招呼是最基本的礼貌，你去别人家里时也希望受到别人的热情欢迎呀！"这样，让孩子设身处地的为他人着想，他的礼貌举止才会发自内心。

劳动的习惯

国外有一项研究表明，那些童年时劳动得分最高的人，成年后发展的可能性比得分低的人要高出10倍，获得高收入的可能性大4倍，而失业的可能性小15倍；童年时很少劳动的人，精神不健全的可能性大10倍，犯罪的可能性也较高。苏联教育家苏霍姆林基也指出："请你记住，劳动不仅是一些实际技能和技巧，而首先是一种智力发展，是一种思维和语言修养。"孩子参加劳动不但可以培养劳动观点、劳动技能、劳动习惯，还有利于促进身体发育、心理健康、智力发展、坚强的意志和克服困难的毅力和勇气。

妈妈应让儿子逐步认识到，是劳动创造了世界，劳动创造了价值；让孩子了解包括体力劳动在内的一切劳动在社会发展中的作用，从小就具有劳动光荣的意识，并让孩子们在劳动中去体会劳动所带来的幸福和喜悦。马克思曾说："任何一个民族，如果停止劳动，不用说一年，就是几个星期，也要灭亡，这是每一个小孩都知道的。"培养儿子的劳动习惯要从以下几个方面入手：

1.告诉儿子，做家务是一项义务

让儿子明白参加扫地、洗菜等家务劳动，是他自己作为一名家庭成员应尽的一份义务，而不是在帮父母干活。做妈妈的切忌对儿子说："你帮我干点活。"更不要以贿赂的手段来利诱儿子做家务活动，让他失去对家庭的责任感。做妈妈的应以身作则做好家务，并让儿子觉得做家务是生活的一部分，像吃饭、睡觉一样的自然和必要。

2.从小培养儿子做一些力所能及的家务劳动

孩子在幼儿期时是好奇和好模仿的，他们在看到妈妈整理房间、洗衣服、洗菜等时，会有一种新奇感，也会产生浓厚的兴趣，非常乐意模仿妈妈做这些家务活，做妈妈的要保护儿子的这种兴趣，并教给儿子一些力所能及的任务，让他参与到家务劳动中来。比如，帮忙把报纸拿给爸爸，给妈妈拿双拖鞋，把自己的垃圾、废纸等丢到废纸篓中等。这样，他们就会自然而然地愉快地参加家务劳动，而且没有辛苦的感觉，更不会认为是额外负担。

3.为儿子制订适当的家规

家规作为家庭成员共同遵守的生活规范和行为准则，常常是一种无声的命令，是潜在的强大教育力量。制订明确、合理、可行的家规，有利于孩子的健康成长，它可以约束、帮助和教育子女在家庭中形成良好的行为习惯。家规的条理应一清二楚，写得明明白白。如每天起床后必须自己叠好被子，清理房间，打扫卫生等，家规也应随着孩子的成长而作改变。

4.对儿子的劳动成果及时进行鼓励

每个人都有一种要获得别人肯定和赞许的心理。当儿子进行了家务劳动后，妈妈要及时鼓励儿子，并对他的能力进行肯定，给予表扬。比如，当你得知儿子擦了桌子后，可称赞说：哇，这桌子谁擦的呀，这么干净。孩子听了，比奖给他一块蛋糕还要高兴得多。

5.培养儿子的劳动习惯要有耐心

孩子的能力是有限的，他们学会每一种劳动都要付出很大的努力。而且任何一种好的习惯，都不是在短时间里形成的，而需要经历一个长期的过程，培养孩子的劳动习惯也是如此，它是在反复劳动实践中逐渐养成的。因此，妈妈一定要有耐心，让儿子有个适应、学习的过程。

学习习惯

国内外教学研究统计资料表明，对于绝大多数学生来说，学习的好坏，20%与智力因素相关，80%与非智力因素相关。而在信心、意志、习惯、兴趣、性格等主要非智力因素中，习惯又占有重要位置。古今中外在学术上有所建树者，无一不具有良好的学习习惯。进化论的创始人达尔文说："我的生活过得像钟表的机器那样有规则，当我的生命告终时，我就会停在一处不动了。"达尔文所说的"规则"，便是指良好的习惯，当然也包括学习习惯。

良好的学习习惯对幼儿的学习兴趣与学习成绩有很大的影响，与幼儿的成才直接相关。它包括自主学习、合作学习、探究性学习。学习好的孩子学习习惯都比较好，而学习不好的孩子多数并不是因为脑子笨，而是没有良好的学习习惯。如不长时间看电视、玩电脑游戏，不需要父母的督促、陪伴能自觉完成学习任务，学习专心认真，经常进行广泛的阅读，知道珍惜时间，什么时间做什么事情等。

做妈妈的要注意培养儿子以下几方面的学习习惯：

1.学会制定学习计划

孩子的主要任务是学习，同时还有劳动、文娱活动、体育活动、游戏、交往等学习内容。做妈妈的要指导儿子制定合理的计划，包括每天的时间安排、考试复习安排和双休日、寒暑假安排等，最好具体到什么时间干什么，达到什么要求。

定计划要充分发挥儿子的自主性和积极性，妈妈只可以提出指导性的建议，但不能代替。一旦计划制定，妈妈要督促儿子严格执行。计划可以调整，但不可以放弃。

2.培养专心致志的学习习惯

一般的人都不可能同时高质量地做好两件或两件以上的事情。如果硬要同时做，必然使每件事的质量都有所降低。古语云，"目不能两视而明，耳不能两听而聪"，说的就是这个道理。

孩子的年龄不同、个性不一，每次能够集中脑力的时间长短不一样。因此，妈妈要从实际出发对儿子提出要求。比如小学一二年级的孩子，每次学习时间以20分钟左右为宜，以后再逐渐延长。最重要的是妈妈要教儿子对自己的学习提出数量和质量上的要求，一旦坐到书桌前，就进入适度紧张的学习状态。每次学习之后，要评价自己做得如何，妈妈要及时给予鼓励，从而使儿子坚持下去形成专时专用的习惯。

3.鼓励儿子深入钻研，不断思考的习惯

鼓励儿子刨根问底的积极性，鼓励儿子对日常生活中的事充满好奇心，激发儿子的求知欲。妈妈最好跟儿子一块儿刨根问底，尽可能地鼓励儿子自己解决。

指导儿子在学习过程中，多问几个"为什么"，不要满足于"知道"就行，而要"知道为什么"。鼓励儿子一题多解。针对老师布置的作业，思考更多的解决方案。

4.查阅工具书和资料的习惯

孩子的知识是有限的，在学习过程中难免会遇到问题，而工具书和资料就是不会说话的老师，是孩子学习的好帮手。妈妈要指导儿子学会多利用工具书来提高自己的学习能力。

5.养成善于请教的习惯

善于请教的前提是善于思考、善于提出问题。妈妈要指导儿子随时把学习中遇到的问题记录下来，以便向老师请教，向同学请教。另外，妈妈要告诉儿子，向别人提出的问题应该是自己通过努力解决不了的，而不是随便问，不经思考就问。

习惯的形成并非一朝一夕之功，它需要反复练习。根据美国心理学家拉施里的动物记忆实验,行为主义心理学认为,一种行为重复21天才会变成初步习惯,90天的重复才会形成稳定的习惯。也就是说,初步养成一个习惯需要21天,而形成一个稳定的习惯需要90天。在培养儿子的良好习惯的过程中,妈妈要及时给予肯定,让儿子充满兴趣和愉快的体验,以便于儿子坚持下去,形成良好的习惯。

另外,妈妈要注意,对儿子的习惯要求一经提出,就必须坚决贯彻施行,不可以有例外。比如,本来妈妈已经与儿子达成了协议,要求儿子自己收拾房间,然而,当儿子可怜巴巴地对妈妈说:"妈妈,我今天太累了,你就再帮我收拾一次吧"时,妈妈的心又软了。这是不可取的。

英国唯物主义哲学家、现代实验科学的始祖、科学归纳法的奠基人培根,一生成就斐然。他在谈到习惯时深有感触地说:"习惯真是一种顽强而巨大的力量,它可以主宰人的一生,因此,人从幼年起就应该通过教育培养一种良好的习惯。"习惯是养成教育的结果,养成良好的习惯是行为的最高层次。习惯是经过反复练习而养成的语言、思维、行为等生活方式,习惯是条件反射长期积累、反复强化的产物。从心理机制上看,它是一种需要,一旦形成习惯,就会变成人的一种需要。教育家陈鹤琴说过一句话,"习惯养得好,终生受其益;习惯养不好,终生受其累。"愿为人父母者都能记住这句话,给自己的孩子一笔终生的财富。

国外孩子养成的好习惯

俄罗斯

为了让孩子们能主动承担起对家庭的责任,以便长大后承担起对集体、对社会的责任,布拉戈维申斯克市(简称布市)的父母从小就有意培养孩子们的勤劳习惯。

布市是阿穆尔州的首府,环境优美整洁,然而它有一个与众不同的地方,每个社区里只设有一个垃圾站,居民是不允许在生活小区里扔垃圾的,他们必须穿过十几条街道把垃圾送到垃圾站去。于是最小的孩子通常会承担起这项任务。

每天吃完晚饭,孩子们会约好一起去倒垃圾,牵着小拖车三五成群地去送垃圾已经成布拉戈维申斯克特有的风景。父亲会为这些孩子们亲手做一辆小拖车:小拖车有4个轮子,上面架上木板,木板的正前方钉上一个用木头雕刻的小马或小狗的头像用来连接牵引小拖车的绳子。

而年龄大一点的孩子会选择为家人取饮用水。虽然布市市民家里都有自来水,但大家更喜欢喝水站的湖水。布市一共有16个饮用水站,饮水站向全体市民免费提供从丘克恰吉尔湖引来的水,只要交106卢布(相当于30元人民币)领一个不锈钢水桶(大概可以装20公斤水),就可以喝到清澈的湖水。我每次取水的时候都能看到孩子们排着队,有说有笑非常热闹。大孩子还要帮父亲修车库和地窖。

"要想成为集体的一员就得为集体做点什么。"俄罗斯父母总是这样教导孩子,而家庭就是第一个集体。

加拿大

加拿大是一个非常友好的国家，这里人人都是朋友，社区就像一个和谐的大家庭。他们不管年轻年老都会对陌生邻居微笑问候并给予祝福。

加拿大人总是把礼貌用语挂在嘴边。在餐厅吃饭，服务生为他们端上菜以后加拿大人都会对服务生认真地说谢谢，即使是家里吃饭，他们也毫不吝啬地向父母表达谢意；付完出租车钱，司机和乘客会互相祝"一路顺风"；在商店购物结账后，店员会连连道谢并欢迎你再次光临；当你和别人擦肩而过时，也能听见一声因为侵犯了你的"领地"而说的"对不起"。

马来西亚

马来人有一个可爱的习惯，就是不管什么时候打喷嚏，都会脱口而出"Excuse me！（原谅我！）"，为影响了大家而抱歉。

即使是旁边没人，他们在打完喷嚏后也要说抱歉。因为马来西亚的小孩儿从小就听父母说，每个人的身边都有很多精灵，有给你带来好运的，也有给你带来厄运的，它们时时刻刻伴随在你的身旁，当你突然打喷嚏的时候，很有可能吓到它们或口水喷到它们，所以要请求他们的原谅，否则它们一直都会捉弄你。这些故事虽然是父母们编出来的，却能让孩子记住，慢慢养成习惯。

培养一个聪明的男孩

人们经常说,男孩小时候不如女孩聪明,男孩晚熟等,其实,就男孩和女孩总体而言,智力基本上是平衡的,并无优劣之分。

英国学者曾对9岁零5个月到13岁零5个月的1336名英国男孩和1217名英国女孩进行了一次智力测验,结果发现,男女两性的平均智商没有差别。但在智力发展水平的分布上,两性之间则略有不同。从智力测验的结果来看,在智力超常和弱智者中男孩都略多于女孩。但处于这两个极端上的人数比例很低,也就是说男孩的智和愚两极相差较为明显,而女孩在智力发展上较为均匀。因此,在学校里,我们经常可以看到,男生中成绩最优和最差的比例要高于女孩,而成绩中等者则女生居多。而人们之所以感觉小时候的女孩子比男孩子聪明,是因为男孩与女孩的智力发展存在着以下不同点:

在感知能力方面,经过各种感知渠道获得感性知识的能力,女孩都比男孩强。女孩的听觉能力,特别是对声音的辨别和定位,明显优于男孩;在听觉的敏感程度上也优于男孩,但在听觉记忆上不如男孩。男孩的视觉能力较强，对视觉印象的反应速度较女孩快，视觉的空间知觉能力也优于女孩。

在注意力的发展方面，男孩较多定位于物，对物的注意力稳定性较好，持续的时间较长；女孩的注意力较多定位于人，对人的注意力稳定性较好，持续的时间长。

在记忆力方面，男孩理解记忆和抽象记忆较强；女孩的机械记忆和形象记忆较好，对具体事物的记忆较为精确。女孩的记忆力优于男孩。

在思维的发展方面，男孩倾向于抽象思维，其水平高于女孩；女孩偏向于形象思维，其水平高于男孩。正因为男孩倾向于分析、比较、抽象、概括以及逻辑推理，所以男孩一般对自然科学感兴趣。而女孩倾向于直接印象的鲜明性、生动性、表象记忆、想象的直觉性和思维的形象性等，所以女孩一般对语言、文学、艺术、行为科学等领域表现出更大的兴趣。

在语言的发展方面，女孩偏向于语言的形象性和感情色彩，男孩偏于语言的抽象性，能掌握较丰富的概念性词语。在语言的流畅性上，女孩优于男孩，而在语言的逻辑性和推理性上女孩不如男孩。

在想象力的发展方面，男孩的想象力带有逻辑性，女孩偏向于形象思维，其想象加工的表象材料偏向于具体形象，所以女孩想象力常带有形象性。

对于小学阶段的课程而言，女孩的智力发展比男孩有着更大的优势，因此，更容易在学习成绩上表现出来。而随着学业的加重，理科知识的增多，往往女孩就不如男孩了。但是，这一切都不是必然的，换句话说，做妈妈的可以对儿子进行智力训练和开发，以弥补儿子在智力发展上的一些不足，从而培养出更为优秀的儿子。

脑科学家的研究表明，一般人只用了大脑智力潜能的10%，尚有90%在童年没有得到开发。成年以后，这些"脑资源"就被废弃了，致使"流水不回"，仅成为平庸之人。划时代的科学家爱因斯坦被认为是聪明绝顶的人。他死后，大脑被解剖分析，发现他的大脑智慧的潜能也只用了三分之一，可见人的大脑具有巨大的挖掘和利用的余地。

具体而言，妈妈可以从以下几个方面入手来开发儿子的智力。

感官训练

充分调动和训练孩子的感官，让纷繁的感受刺激脑细胞的生长发育，促进脑细胞的树突和轴突的繁茂生长。如让孩子多看各种物体的颜色、形状、大小；用嗅觉去闻各种气味，刺激嗅觉细胞发育；用舌头品尝各种味道，刺激味觉细胞发育等。通过触觉、温觉、冷觉及质地的软硬来促进感觉中枢神经细胞的发育。手脚是全身器官的缩影，按摩手脚除了能促进感觉神经末梢的发育以及手脚的灵活性外，从传导作用上说，也就等于按摩了全身并对促进全身的发育起到保健医疗作用。

多做运动

美国贝鲁奇学院纽索拉博士的一项研究发现，凡坚持每次持续20分钟跑步、健美操的学生，其学习成绩明显优于那些懒于活动者。他强调，锻炼能使大脑处于最初的活动或放松状态，想象力会从各种思维的束缚中解脱出来，变得更加机敏，更富于创造力。

妈妈可以引导儿子做各种运动，多使用左眼、左耳、左手、左脚，发挥其功能，促进右脑的发育。由简单到复杂的运动，由被动到主动的运动，要有意识地激发孩子早用手抓、握、捏、扔、接、拍及跑、跳等各种运动，尤其是要训练其手脚的精细动作，促进小脑发育和平衡。

开阔视野

多与人和环境接触。感受大自然，认识各种事物，如汽车、建筑等。接触丰富多彩的景色，充实精神生活，锻炼孩子的观察力。观察力是想象力、创造力的源泉，对于孩子的智力发展十分重要。通过对事物的观察，孩子会发现问题、提出问题，从而锻炼他的思维能力，进一步发展想象力与创造力。

语言教育

孩子最早的智力活动就是学说话，孩子对周围世界的认识，思维能力的形成，都是通过学说话实现的。因此，妈妈要对儿子进行形象化的语言教育，使孩子用完整的语句表达意思，较早地开发孩子对语言的感知力和接受力。尤其是妈妈在与孩子的交往中，要通过生动、新颖、形象的话语，促进他的理解、记忆，萌发出形象联想，并调动出自由天真的幻想。

聪明的妈妈应尽早尽可能多地与儿子交谈，尽可能多地利用孩子身边的人和物，鼓励孩子多开口说话。有关研究表明：在正常条件下，婴儿出生6个月后，就已开始学习说话了。只是这时属于"鹦鹉学舌"型的，同时将说话的声音与具体的事物对应起来。1周岁左右的孩子往往就能说两三个词语了，18～24个月时，是孩子语言迅速发展的时期，他们开始将第一信号系统的单纯声音信号，转变为具有抽象意义的词语信号，从而初步形成了抽象思维的主要特征。

利用音乐开发智力

对孩子音乐细胞的培养可以促使其右脑的活跃，形象思维的联想，创造潜能的开发。长期受音乐感染和熏陶的孩子通常心平气和、情绪稳定且思想活跃、热情活泼、兴趣广泛，并能较好地促使注意力集中，提高学习效果。音乐能调节大脑功能，提高孩子的思维能力和想象能力，常听音乐不仅能帮助孩子增强和恢复记忆力，还可陶冶其美好心灵，培养高尚情操，给人以鼓舞和力量。

日本幼儿开发协会的母亲们曾作过试验：当她们的孩子出生时，其容貌和神态与普通婴儿无异，然而在听了四个月的莫扎特小夜曲之后，其表情和动作比别的孩子显得活泼些，眼睛特别亮，很有神，因而显得容貌也漂亮些。

经常进行音乐熏陶的婴幼儿会有以下特点：总是笑眯眯，不怕生人，提早说话，脸蛋秀丽可爱，眼神聪慧明亮，左右脑综合发展，长大以后IQ(智商)高、EQ(情商)好、CQ(创造性)强。日本幼儿教育协会的追踪调查也表明，从婴儿起开始接受并喜欢音乐的孩子，长大了在品行上很少有劣迹，他们会变得更善良，道德上更纯洁。

对孩子进行音乐训练，可以贯穿在日常生活中，如叫孩子起床时，可以选用较为轻快、活泼的音乐；引导孩子入睡时，可选用《摇篮曲》；还可以模仿日常生活中的各种声音，收看儿童节目时跟着唱唱跳跳，参加形体、舞蹈训练等。

为儿子提供智力营养

玩具与书籍都是开发孩子智力的有效工具,但非所有的玩具都能促进幼儿智力的发展,玩具也不是多多益善,做妈妈的要根据儿子的实际情况,挑选最能促进儿子智力发展的玩具,如小积木、拼插车板和塑料的小炊具、小家具等。这些玩具可帮助孩子辨别不同的形象与颜色,认识物体,对孩子的手眼配合一致与思维能力的发展,均大有益处。

书籍对于激发孩子智力有独到的功能。高尔基曾说:"几乎每一本书都轻轻地发出一种声音,扣人心弦,使人激动,把人吸引到奇妙的地方去……书籍能帮助你们生活,能像朋友一样帮助你们在那使人眼花缭乱的思想感情和事件中理出一个头绪来,它能教会你们去尊重别人,也尊重自己,它将以热爱世界、热爱人的感情来鼓舞你们的智慧和心灵。"

是的,书籍对人一生的影响重大。通过阅读能迅速提高孩子的思想觉悟、学习成绩和修养等,能够通过阅读获得教育意义。人们常说,"一本好书能改变人的一生"。书籍中的故事不仅为孩子提供了丰富的内容,更开阔了孩子的视野。

利用游戏开发智力

每一个孩子都喜欢游戏,游戏其实就是一种学习,是孩子获取经验、发展智力的好方法,也是培养自发性、创造力、好奇心、想象力、探索、冒险及处事能力的良好途径。妈妈可以常与儿子玩玩以下的益智小游戏,培养一个聪明可爱的小宝贝。

1.猜谜的游戏

猜谜对孩子不但有兴趣,而且也能激发其推理及想象力,妈妈可以用"一线相通,飞行空中"猜"风筝"这种方式;也可以用孩子喜欢的东西给一些线索,让孩子提出题目、推想答案。还可以用"指手画脚"的方式要孩子作答。

2.想象的游戏

比如,让儿子用想象力建造一个未来城市,对儿子在建造过程中所表现出来的想象力,妈妈要加以充分肯定和赞赏,让他体会到动脑筋的乐趣。

建一个城市

利用家中收集的空咖啡罐、纸盒和纸管、牛奶盒和牛奶罐,以及其他的一些杂物(这些都是可以创建一个小型城市的好东西)。将你的材料洗刷干净,放到桌上或地板上。用一个大纸板或广告牌做城市的"底"。让你的儿子按照自己的想法用蜡笔画出道路和人行道,并画好建筑物所在的位置,就像一位城市设计师所做的那样(记住要包括小巷、机场、桥和工业园区)。

接着,与儿子一起来用材料制作建筑物。让儿子说出他的想法,然后你按照他的想法来制作城市的建筑。比如,利用纸管做成摩天大厦和主烟囱,谷物盒用来制作工厂、住宅楼和学校最合适;咖啡罐做成机场控制塔和办公大楼;水壶来做城市的水塔。注意要裁出窗户和门,并用图画纸、蜡笔和其他工艺品材料装饰你们的建筑物。最后,将这些建筑粘到儿子认为合适的位置,再加上树木、汽车和人。将底涂上绿色代表绿草,道路涂成黑色。

再难一些:找到一张再大一点的大城市的地平线图,让你的儿子试着用他的废旧物品做出更丰富多彩的城市规划。

简单一些：你来做出建筑物和底，由你的儿子来将它们安置摆放。他的玩具车和人形玩具都可以成为城市的一部分。

3. 分类的游戏

这是创造力学者威尔斯提出的方法。平日可提供孩子一些具有共同特征的不同类物品，例如小汽车、汤匙、钥匙、铁币、回形针……让孩子发觉其共同特征来加以分类，并鼓励其重复分类。也可以提供符号、颜色、食品、数字、形状、人物、字词等材料，让孩子能依其特性分类。

把玩具分类

这项游戏有助于培养孩子的思维能力。

孩子通常都非常喜欢自己的玩具。用他的玩具做的游戏越多，他就会越喜欢自己的玩具。

和你的儿子一起坐在地板上，把他的所有的玩具都放在你们面前。

然后，由妈妈来下指令，让儿子来操作，比如，"把所有红色的玩具找出来放在一起。"于是，儿子把所有红色的玩具放在一起。

还可以根据大小或其他的特点（带轮子的玩具、动物玩具等）分类。

你也可以让儿子来说出分类的标准，由妈妈来动手分类。看儿子能想出多少与众不同的分类方法。

4.扮演的游戏

如让孩子玩"扮家家酒",鼓励孩子应用想象力扮演所喜欢的"角色"。妈妈可以提供一些线索,如给他一架飞机,假想他在空中飞行会遭遇哪些事情;给他一个变形金刚,让他跟铁金刚对话;给他一些医生的玩具,让他扮演医生看病的情形……

亲切的照料

和你的儿子一起坐在地板上,在地板上放两三个孩子喜欢的娃娃或玩具动物。

妈妈先拿起一个玩具,抱在怀里,充满关爱地说:"跟你一起玩真开心","我喜欢你棕色的毛""我喜欢抱着你。"

然后让你的儿子,也选择一个玩具,抱在怀里,说一些关心的话。

告诉儿子,他说的话要与你的不同。只要儿子感兴趣,玩游戏的时间尽可能地长一些。你很快就会发现,孩子开始自己想各种办法玩这个游戏了。

5.手指的游戏

双手是我们的外脑,训练我们的双手,有助于脑力开发;设计一些运用手指的运动,如"手语歌"、"甩手"、"捏泥巴"、"拼积木"等活动,让孩子能动动头脑、动动手。也可以用儿歌配合手指的动作,一边念儿歌一边运作手指。

6.接龙的游戏

许多游戏可以用"接龙"的方式,如"文字接龙":上班→班长→长大……"绘画接龙":一个主题大家接力画;"数字接龙":

1→3→5……"故事接龙"：从前有一个猎人……"动物接龙"：四只脚的如狮子→老虎→大象……空中的如老鹰、鸽子……

你也可以与儿子玩故事接龙的游戏，这个游戏稍难一些，可以在儿子年龄大一些的时候玩。

故事接龙

你先开个头，然后问儿子："接下来发生了什么？"让儿子运用他的创造力继续往下编，然后你再继续，然后再由儿子继续，这样不断持续下去。

这些故事往往是很荒谬的，每次一个人接过来开始继续编时都会有个大转弯。如果儿子想不出怎说，你可以试着问这样的问题来帮助他，比如："这时是不是突然一只恐龙出现了？"或者"灯都灭了吗？"

这个游戏的关键就是每个人都要能够认真听你前面那个人是如何讲的，这样当轮到你时，你才可在此基础上有所发挥。当然，充分发挥想象力也是非常重要的，而且在这个游戏中可以充分拓展儿子的思维，你所拥有的一些新知识或者经验，也可以通过你讲述的故事传递给儿子，丰富他的知识储备，提高他的素养。

7.字词的游戏

让孩子说出"同韵、音、部首、声调、笔画的字词"、"字头、尾相同的字词"、"用图画写字"、"用三个字词说（写）出不同的句子"，提供一些字词，如"火"字，让孩子自由联想，或说出可以用哪些字词来替代……

8.躲藏的游戏

跟孩子玩"躲猫猫"的游戏;把物品藏在家中一角,让他来找;在图案中藏着一些物品、数字等,让他们找出来;带孩子到郊外,亲子共玩"大地寻宝"的活动;或在报纸上找出自己需要的"形容词"或"物品"等活动,都是藏物的游戏。

寻宝大比拼

对于任何一个小孩子来说,寻找藏起来的宝物都是一件很有乐趣的事情。你的儿子也不会例外。发现和破解宝物的线索,有助于你的儿子在一种愉快、令人激动的氛围中学习对他来说非常有价值的解决问题的技巧。

首先,你要在儿子不在场的情况下设计好游戏和线索,做好各种准备,让他来找。记得一定要计算时间。当你的儿子找到所有的宝物后,让他来为你设计线索,藏起宝物,然后你来找并且计算下你所用的时间。最后比较一下,看看谁是获胜者。

当然,你也可以跟儿子一起找宝物,不过为了公平起见,就需要让其他人来为你们俩设计线索了。

注意:线索设计得要相对简单。如果线索设计得太有挑战性,你的儿子可能会感到很沮丧而失去兴趣。可以把线索隐藏在日常经常光顾的地点,比如信箱中、沙发底下或是冰箱里。每一个线索应将他引向下一个隐藏地点。如果你有时间,可以画一个藏宝图,标有X的地方就是藏宝物的地方。可以把藏宝图作为最后一个线索藏起来,你的小探险家会按图索骥地找到宝物。在他实在找不到线索时,给他一两个线索的提示也是个好主意。

9.绘画的游戏

从涂鸦到能画出图形,孩子绘画的兴趣一直很浓厚,他们以画画表达其未能以言语形容的感受、情绪。父母可以和孩子一起画。用各种不同的材料,画在纸上、布上、板上……让孩子喜爱自由创作的喜悦。

10.组合的游戏

许多发明都是在原来的物品加上一些功能,如笔加指示棒,变成"指示笔"。父母可先让孩子观察哪些物品是"组合"的,然后再让其思考还有哪些东西加以组合,会更好用;另外,用图片或字词组合成故事;其他如七巧板、积木的组合图形,空瓶罐、石头的组合均是。

11.知觉的游戏

"知觉"是一种将透过感官所获得的资料,再经过分析与解释的能力;知觉包括眼睛、鼻子、舌头、身体等感觉作用。我们可以让孩子分辨不同形状的物品,用触摸猜东西、用舌尝尝各种调味品、玩配对游戏、辨认方向及方位;让孩子观赏及指认有背景的图片等活动。

知觉游戏

挑选3种气味不同的东西。比如,橘子、咸菜、丁香花。然后,用手绢蒙上儿子的眼睛,让他用鼻子来闻,这3种东西分别是什么味道,并用手触摸,然后猜是什么东西。实在猜不出来,再让儿子尝一尝。

当儿子对猜3种东西的游戏已经游刃有余的时候,可以增加猜的品种。也可以让儿子来选东西,由妈妈来猜,或者把爸爸也邀请上,一家人一起来玩。乐趣更多哦!

12.观察的游戏

让孩子观察树苗的成长，或甘薯发芽，以了解造物的奥妙；由观察影子的变化，学习科学概念；由观察人类的表情，而能察言观色、善解人意；甚至参观各种展览、表演、户外郊游等都是很好的观察活动。

除上述几种游戏外，尚有很多的游戏如科学、概念、音乐、黏土、雕刻等，都可以在平时使用，以激发孩子的智慧；在辅导孩子游戏时，应注意个别与团体游戏的兼顾，以培养社交及合作遵守团体规范的行为。

国外如何培养聪明宝贝

美国

美国《福布斯》杂志刊登了让孩子变聪明的8个诀窍：

1.在孩子出生前就保证营养。

对孩子而言，营养是非常重要的，在孩子出生之前，母亲一定要确保给他们充足的维生素。让孩子拥有一个均衡、有营养的食谱是保证他们健康和聪明的第一步。吉特利说："尽管大脑的发育在出生后更活跃，但母亲在怀孕期间增加营养给孩子带来的益处将是终生的。"

2.母乳喂养。

母乳喂养一年可以让婴儿的智商点数增加8点，原因是母乳中含有对婴儿大脑发育很关键的脂肪DHA。

3.自然就好。

尽管培养孩子有很多方法，但最重要的是父母做到自然而然就好，即父母要信任孩子的本能。

4. 鼓励孩子进行社会交往。

尽管孩子进行多少社会交往的程度很难确定，但有一点是肯定的，即社会交往使孩子培养出来的能力对于他们日后很有好处。

5. 限制孩子看电视的时间。

一些人认为最好不让孩子看任何电视，但美国专家认为在2岁之前限制孩子看电视的时间即可，因为看电视这一活动只是单向，它会阻碍孩子口头语言能力的发育，他们认为："孩子如果要学习使用语言，他应该从周围的人那里得到回应。"

6. 玩耍。

孩子学习的方式与他们学习的内容同等重要，这也是应该鼓励孩子多出去玩的原因。学习的过程最好是在更有意义的环境下进行，玩耍中学习就是一种最自然的学习方式。

7. 尽早开始接触乐器。

早早开始接触乐器对于孩子的大脑发育有很大的影响。在4岁时学习一种乐器可以让孩子的智商增加6个点数。

8. 与家人一起抚养孩子。

在培养孩子的问题上，多一个人就多一份心，更多的人参加培养孩子就会给孩子带来不同的感受，这样孩子的性格也会更健全。

德国

德国人卡尔·威特有个孩子，在不满14岁时，就被授予博士学位，别人问他是怎样使孩子变得这样聪明的？他总结出如下8条经验：

1. 不浪费幼儿的智力，当幼儿咿呀学语时，就要教他正规语言，比如，不要把小猫说成"猫咪"。

2. 从小培养思维能力。经常提出问题，让孩子思考回答。

3. 锻炼记忆。给孩子讲完故事后,要让孩子组织语言复述一遍。

4. 逐步提高观察力。有时要有意识地做一些违反常规的小事，让孩子"纠正"。

5. 开阔视野。经常带孩子到外边去增长见识。

6. 培养孩子各方面的爱好和兴趣。

7. 激发学习热情，对孩子有问必答。

8. 从小严格要求，使孩子养成良好的道德品质和生活习惯。

日本

"开发右脑"是日本儿童教育专家创立的一门理论。他们认为，人脑在3岁前发育完成60%，在6岁前发育完成90%，但期间左右半球发育的快慢并不一样：右脑在3岁前就已发达，而左脑则要在4～5岁时才发达。而右脑主要负责控制感觉和想象力，如果在孩子的幼儿期能有意识地加强对其右脑的开发，对孩子成年后的创新能力能起到积极的作用。同时，开发右脑还可进一步促进左脑的发育和发达。为此，日本儿童教育专家设计了各种行之有效的"开发右脑"的新方法：

·配对游戏。孩子1岁半时就可玩配对游戏了：摊开几张字母卡，让孩子将2张相同的字母卡配对。如果孩子把外形相近的2个不同的字母混淆，大人可在纠正的同时形象地指出它们的区别。如，在解释字母B时可将其描绘成宝宝的一只耳朵，而把字母P解释为爷爷的一根手杖。随着孩子年龄的增长，逐渐将配对游戏发展为"归类游戏"。如：可要求2周岁左右的孩子将不同姿势的同一种动物的图片配成一对；要求2岁半的孩子将图片或实物中的水果、饼干等分类。

·观察云朵。在晴朗的天气里,带孩子观察天上的云朵可启发孩子将不同形状的云朵看成动物、仙女、天使等。日本人普遍认为,这是最简便地利用大自然锻炼儿童右脑的好方法。

·仰望星空。带孩子仰望星空,讲述"牛郎织女"类的神话传说,同时还可以要求孩子展开想象的翅膀,自己编织有关月亮或星星的故事。专家认为,想象本是一种"右脑体操"。

·以小猜大。遮住孩子熟悉的动、植物图片的大部分,让孩子猜测这是什么动物或植物。这有助于提高幼儿的推断力。

·多用左侧。由于身体左侧部位的活动主要是由右脑指挥的,多用左眼、左耳和左手就意味着锻炼了右脑。不妨让孩子的脑袋常常向右偏转,多多训练"左视野";左耳戴耳机听音乐或故事;有意识地用左手拿东西、擦桌子、开门、开灯等。

·综合刺激。视觉、听觉和语言的"综合刺激"特别有助于开发孩子的右脑。幼儿园老师常常利用多媒体,在1小时内接连不断地给孩子看恐龙、鲜花图案等,其间穿插儿歌、外语、故事等语言刺激。不过,"综合刺激"须分成若干小单元(如每次3分钟,然后休息1分钟),因为幼儿难以对长时间的相同刺激保持兴趣。

·经历新鲜。尽量不要让孩子老走同一条路、老看同一本书、老跟同一个小伙伴玩。送孩子上幼儿园时不妨故意改变路线,为孩子选择的书本不妨种类多些,努力创造条件让孩子有机会结交各种性格和爱好的小朋友。新鲜的经历对激活右脑功能好处多多。

·重视才艺。培养孩子在棋类、乐器、绘画、插花、折纸等方面的才艺,也是一种积极的开发右脑的活动。

让儿子对学习充满兴趣

兴趣的作用是不可低估的，教育学家乌申斯基说："没有兴趣的强制性学习，将会扼杀学生探求真理的欲望。"

积极的兴趣，可以使人充满欢乐，开阔眼界。广泛的兴趣，使人精神生活充实，并能应付多变的环境。持久的兴趣，可以丰富人的知识，开发智力。

兴趣是一个人走向事业成功的开始，有人总结世界上数百名诺贝尔奖获得者的成功因素，其中之一就是他们对所研究的科学事业有浓厚的兴趣。无论是谁，持久地从事一项无兴趣的活动，不仅难以成功，而且有损身心健康。

美国教育家杜威认为，对于教育者来说，最重要的是经常细心地观察儿童的兴趣。他说："成年人只有通过对儿童不断地予以同情的观察，才能够进入儿童的生活里面，才能知道他要做什么，用什么教材才能使他工作得最起劲、最有成效。"兴趣是学习的一种原动力，是认知过程中最活跃的因素，是发明创造的精神源泉。

孩子只有对学习产生了兴趣，才能由被动变为主动，由消极变为积极，从而乐学、愿学。换句话说，做妈妈的只有激发儿子的学习兴趣，才能让儿子在学习上不断进步。

有一次，一位教育家给学前班的孩子们上课。他准备了一个"发言球"，一边从讲台扔出去，一边说"2+3="，哪个孩子接到球，哪个孩子就说出答案，孩子们学得很高兴。听课老师有的就不理解，说你这不是多此一举吗？直接提问不就可以了吗？要什么"发言球"？他回答说，没有"发言球"，当然也可以提问，但是孩子们却没有了发言的兴趣。

"兴趣是最好的老师"，这句话已成老生常谈，却仍被很多父母熟视无睹。希望儿子越来越聪明、越学越爱学的妈妈们，现在就开始对儿子学习兴趣的激发、呵护、提高吧！

不要提前"透支"儿子的学习兴趣

"我的孩子3岁时就认得2000多字，能背古诗40多首，会100以内的加法运算，亲朋好友都说是个'神童'，可是一上小学，孩子就开始厌恶学习，对学校教的不感兴趣。这是为什么呢？"为什么一个原本天真烂漫、热爱探索、想象力丰富的孩子上了小学，反倒对学习没有兴趣了呢？在幼儿的世界里，是谁"夺"走了孩子的学习兴趣，让孩子到了小学就没有了探索的欲望？

主要原因就是父母过于热衷于"智力开发"，从小便对幼小的孩子进行读写算等不符合孩子认知特点的训练。孩子虽然当时也能靠鹦鹉学舌的方式死记硬背下来，但并不理解，所以不但不能促进他们的智力发展，反而给孩子带来很大的学习压力，降低了对学习的兴趣，挫伤了自信。有的孩子则因为"早会、早知"了一些知识，当真正开始学习时，却厌倦了这些他认为重复的"旧知识"，结果出现上课精神不集中的状况，反而不利于孩子的学习成长。

让儿子体验到学习的成就感

心理学家的研究表明，希望自己的学习成就得到表现和承认不仅限于我们成年人，孩子的天性里也具有一种强烈的成就满足与表现需求。有效利用这种成就满足需求，对于激发和保持孩子的特长学习兴趣是非常有效的。

妈妈可以利用儿子希望获得成就满足的心理，给儿子一些表现的机会，比如参加一些儿子特长的小型比赛，或者妈妈与儿子来一场小小的竞赛，让儿子在比赛中获得成就感，从而激活进一步的学习兴趣。

数学奥林匹克

这个游戏可以根据你的儿子的数学能力来进行调整。与奥林匹克五项全能类似，这个游戏也有五项：加、减、乘、除和模式题。提前准备100张卡片，在卡片上写出100道题(每组20道题)，一面是问题，一面是答案。每一组题中问题的难度要有所不同，给每道题规定出得分，最简单的1分，最难的20分。

模式题的目的是帮助你的儿子认识数与数之间的关系。例如：一道1分的题可以是让他预测(1，2，3，4……)这一数列中的下一个数是几。正确答案是5。更难一些的题目可以让他预测：2，4，8，16……这一数列的下一个数(答案应是32，因为其规律是后面一个数字都是前面数字的2倍）。

在游戏开始之前，要向你的儿子解释清楚规则。小一点的孩子尤其喜欢从最简单的问题开始。你们可以先完成一组，然后再做下一组或者每组抽一个问题，一次共问他五道问题。记录下他答对问题所得的分数。总分是1050分。得300分就给他一块铜牌，500分给他一块银牌，800分以上就能得金牌了。为了更有乐趣，你可以用纸板和蜡笔做出三种奖牌来，并在游戏结束后按他的分数颁给他相应的奖牌。

再难一些：交换角色让他出题来测验你。要确保每个答案都正确，对他来说也是个挑战。

简单一些：如果基本的数学题对你的儿子还很难，那么可以试试测验他对数字、颜色、形状、星期一到星期天的名称、基础词汇的知识。

另外，妈妈还可以让儿子自己设立学习目标。通过目标的逐步实现来增强儿子学习的信心和兴趣。教儿子设定合理的学习目标，不要太大太遥远，难以达成，也不可以太小太容易实现。当孩子经过适当的努力能达到目标时，他就会体验到学习所带来的成就感，从而变得自信和积极。在儿子向着目标努力的时候，妈妈一定要给予恰当的鼓励和奖励，以刺激孩子不断的求知欲。

为儿子营造学习的环境

环境对孩子的影响无疑是非常巨大的。父母行为的潜移默化极大地影响了孩子的发展。古语云"近朱者赤、近墨者黑"。要想让儿子对学习充满兴趣，就必须为他提供良好的家庭学习环境。从小生活在一个积极向上、喜爱学习、便于学习、充满学习氛围的家庭环境中，孩子的学习积极性和求知欲自然会很高，并认为学习是一件非常有趣有意义的事情。

因此，妈妈要想让儿子爱上学习，必须为儿子营造一种学习的氛围。比如，当儿子学习时，妈妈也停止一切娱乐活动，与儿子一起看书，或者做一些工作上的事情，让儿子感受到家庭的学习气氛，从而能够集中精力做作业。

多给儿子鼓励和肯定

经常得到妈妈的鼓励和肯定，会提高孩子学习的积极性。对于孩子的每一次尝试，不管他做得如何，妈妈都要给予适当的赞扬，这有利于孩子自信心的培养。当孩子获得成功，体验到快乐时，大脑里会释放出"脑内吗啡"，这种化学物质会驱使孩子想重复这一经验，对自己的学习能力充满自信！

对小孩子来说，各种探索都是学习的机会，妈妈应该"为孩子找一棵矮点的苹果树，让孩子踮起脚，伸手就可以摘到苹果"。一次次成功的体验会让孩子信心百倍，动力十足地向下一个更高的目标迈进。

允许儿子失败

学习、活动总有胜败、输赢，当孩子为"失败"而难过时，妈妈不应以怜悯的态度对待他，或者唉声叹气，甚至劈头盖脸地责骂孩子。而应让孩子明白，失败、错误没什么大不了的，人人都可能碰到，勇敢、聪明的人会从失败中吸取教训，继续努力。允许孩子一时的失败，也是对孩子能够成功的一种信任。

为儿子创造多元化的学习空间

除了教室,孩子在日常生活中的各个环境都可以进行学习。做妈妈的不妨多带儿子接触自然,接触社会,为孩子创造更多学习的空间。当儿子学习累了的时候,换个环境,换种方式去学习。比如,到图书馆去看书,在大自然中学习认识各种事物及其习性、特征等,通过多角度、多层面地拓展孩子学习的宽度与广度,培养孩子的学习兴趣。学习不再是孩子的负担,更不是烦恼,让学习成为孩子的兴趣爱好,才是最好的驱动力。

鼓励孩子的求知欲望

孩子的好奇心强,对各种新奇的事物都能产生一定的兴趣而产生疑问,比如,"人为什么会流眼泪?""萤火虫为什么会发光?""为什么花会有不同的颜色?""我是从哪里来的?",等等。这正是激发孩子学习兴趣的有利时机。面对孩子的提问,做妈妈的要耐心解答,不可以显露出厌烦的情绪。当你也无法回答时,可以带儿子一起去查阅资料,寻找答案,让儿子在寻找的过程中,培养更浓厚的学习和探索的兴趣。

对儿子的探索活动表示赞赏

孩子在认识事物的过程中,总是充满了各种奇思妙想。比如,当对比较熟悉的玩具产生兴趣之后,就可能把它拆开进行研究;对感兴趣的小动物表示亲近或用手摸一摸;对喜欢的植物可能会拔出来看看根是怎么长的;或是想亲自种一棵等。这种探索精神正是未来科学素质产生的基础。做妈妈的应该对儿子的这种探索精神予以赏识和鼓励,并为其提供探索的条件,使之形成稳定的学习兴趣。

以游戏来培养和发展儿子的学习兴趣

"玩"是孩子的天性，妈妈在培养儿子学习兴趣时可以采取游戏的形式，从而因势利导，寓教于乐，使儿子在游戏中学习，在"玩"中获得知识。比如，教儿子学习算术时，可以借用一些形象的事物，如苹果、玩具车等，这样儿子会很容易理解你所教的数学知识，并对学习产生兴趣，进而喜欢上学习。

学习时间要有节制

孩子的注意力是因年龄的不同而有所不同的，对于3岁的孩子来说，只能集中3～5分钟；4岁孩子则能集中10～15分钟；5～6岁孩子的注意力可以集中在15分钟以上。做妈妈的应该根据儿子的年龄来确定儿子学习的时间，不可以过长，太长学习的效果会很差，也不可以太短，太短不利于孩子学习注意力的提高和训练。

不要给孩子贴上"笨"的标签

很多妈妈总喜欢把自己的儿子与别的孩子比较，总爱说儿子"笨"，虽然有时在说这话时妈妈甚至是带着爱意的。然而，孩子接受到的就是"笨"的信息。长期处在大量的负面暗示里，孩子也会感觉自己真的很笨，从而产生严重的自卑感和自我怀疑。渐渐地，他的潜意识就会产生"保护作用"，拒绝新的资讯进入记忆库，结果就真的成了"学什么都学不会"的笨孩子。

培养儿子良好的学习习惯

　　学习兴趣的培养还要通过培养孩子良好的学习习惯来进行。孩子的学习优劣取决于智力因素和由学习动机、意志、习惯等组成的非智力因素，而且，非智力因素在学习中的作用还要超过智力因素。在非智力因素当中，学习习惯是非常重要的一个部分。习惯的力量十分巨大，好习惯使人一生受益，而坏习惯则会贻误终生，而良好的学习习惯是与人的成长规律和学习规律相适应的最佳行为模式，能起到事半功倍的效果。良好学习习惯主要包括：注意力比较集中、敢于大胆提问、安排有序、能够独立思考、善于推理和想象、有积极的态度和情感等。妈妈应当在日常生活的小事中，通过各种有意识有目的的活动来培养儿子良好的学习习惯，进而养成儿子良好的学习兴趣。

　　学习是孩子不断前进的脚步，兴趣是孩子获取知识的动力。只有对学习有兴趣才会快乐，有兴趣才会成功。有兴趣的学习才能让孩子的潜能得到最大发挥，让孩子在快乐中学习，在快乐中成长。兴趣是一种具有浓厚情感的活动，它可以使人集中精力去获取想知道的知识。物理学者丁肇中教授就曾经深有感触地说："任何科学研究，最重要的是要看对自己所从事的工作有没有兴趣，换句话说，也就是有没有事业心，这不能有任何强迫。……比如搞物理实验，因为我有兴趣，我可以两天两夜，甚至三天三夜在实验室里，守在仪器旁，我急切地希望发现我所要探索的东西。"对孩子而言，兴趣同样能对学习起到推动作用。兴趣会促使孩子深入钻研、创造性的学习。兴趣可以使孩子的智力得到开发，知识得以丰富，眼界得到开阔，并对生活充满热情。对于孩子而言，兴趣是一个不可或缺的好东西。拉西曼曾说："不唤起学生学习的欲望而企图教授学生的教师，等于在打冷铁。"

法国著名作家雨果从小就爱好文学，悄悄地学着写诗歌。进学校读书后，兴趣更是日趋浓厚，笔耕不辍。由于舞文弄墨在当时人们的心目中并无地位，因此老师得知后大为不快，为了阻止雨果写诗，故意用大量的数学题压他。雨果的母亲知道后，没有屈从世俗的观念，而是积极支持儿子进行诗歌创作。平时，妈妈处处留心帮助儿子寻找诗题，去捕捉一闪即逝的灵感。在妈妈的支持下，雨果创作激情勃发，诗思泉涌，进步神速，1817年，雨果15岁，他写了一首题为《学习之益》的诗参加诗歌比赛。这首充溢着才气的诗，得到了法兰西学院许多老院士的称赞，从而使少年雨果在巴黎崭露头角。

可以说，正是妈妈对于儿子兴趣的支持，使得雨果的文学天赋被最大限度地激发出来，他在文学创作上取得了辉煌的成就，尤其在小说创作方面成绩卓著。他给人们留下了《巴黎圣母院》、《悲惨世界》《九三年》等一系列在文学史上熠熠闪光的长篇名著，成为举世瞩目的文学巨匠。

教儿子成为自己情绪的主人

人在认识世界过程中,对所接触到的许多事物并不是无动于衷的,而是常常会持有不同的态度,这些态度在人内心的体验就称之为情绪。情绪有肯定的情绪和否定的情绪,如果能满足人的需要或符合人的愿望、观点的客观事物就会使人产生肯定的情绪,如快乐、愉快、喜爱等。如果不符合人的需要或违背人的愿望、观点的客观事物就会使人产生否定的情绪如愤怒、悲哀、憎恨等。

孩子在很小的时候就有了情绪反应。如新生儿吃饱了、睡足了时,就会表现出愉快、安静等积极的情绪。反之,当饥饿、瞌睡和身体不适时就会哭闹,出现消极不愉快的情绪。良好的情绪不仅能丰富孩子的情感世界,而且对健康和智力发育也很重要。情绪饱满的孩子睡得香、吃得多,而且愿意同外界交往,喜欢接受外界的各种各样的信息。反之,则情绪不安、低落,常哭闹,容易生病。

原教育部副部长、中国工程院院士韦钰认为,对一个孩子的培育,从幼儿园到小学、中学,最重要的教育成果应体现在哪里?不在于他识了多少字,也不在于他能考多少个100分,而在于将他培养成一个完整的人。其中,情绪教育是最关键的。情绪与孩子未来的心理健康、成长、创新等都有关系。

美国有位工人叫盖格,在一次工作中,一根铁杆穿过了他的左颊,并从前额穿出,但在医生的精心治疗下,盖格奇迹般地活了下来,并且智力和体力皆正常。但他控制情绪与感情的脑区受到了损害,这使他无法控制情绪和协调人际关系,从而无法像正常人一样工作、生活,只好终日游荡,年仅38岁就死了。

盖格的故事充分证明了一个人情绪能力培养的重要性。科学研究证明,一个人5岁前背的东西如果以后不经常复习的话是会忘掉的,但是5岁以前人的大脑中形成气质、情感的部分已经开始发育,并对孩子今后的成长产生影响。

情绪影响身高

研究人员发现,心里和情绪不佳,能使人生长缓慢而个子矮小。他们在检查一些因父母不和而变得脾气古怪的矮个儿童时,发现他们的生长激素分泌率低。随后,他们将这些儿童安排到适当的家庭中加以抚养。6个月之后,当研究者为这些儿童再次检查时,他们惊奇地发现,这些矮个儿童的生长激素分泌率已回升到正常水平。其中个别儿童在这段期间的生长率,约等于一年长高12英寸!然而,当把这些儿童仍送回他们自己家中后,他们的生长激素几乎又停止分泌了。

情绪影响健康

情绪是人的一种复杂的心理活动。喜悦、愉快的情绪能明显地促进孩子身体的健康成长。反之,恐惧、悲伤等情绪会危害其身体健康。

美国有位学者把同一窝生的两只羊羔，安排在大致相同的条件下喂养，唯一不同的是，一只羊羔身旁拴了一只狼。狼虽然碰不到羊羔，但羊羔随时可以看见狼。另一只羊羔的身旁没有拴狼。不久，前者由于情绪恐惧而不愿进食，日益消瘦而死亡，后者进食始终很正常，长得很健壮，可见情绪对健康的影响。有人曾针对情绪和消化功能的关系做过实验，证明人在进餐时情绪愉快，能使胃液分泌增多，食欲增强。相反，进餐时情绪恐惧不安，会抑制胃液分泌，而使人不思进食。

情绪促进智力发展并规范行为

积极的情绪能促进孩子智力的发展，而不良的情绪，如过度的压力则会使人脑中的海马腺萎缩，影响记忆。积极的情绪有利于孩子形成良好的行为习惯。幼儿期是各种良好行为习惯形成的开始时期。情绪经常处在良好状态的幼儿，对成人的各种指示一般都乐于接受，这样就有利于幼儿的健康成长，形成团结友爱、遵守纪律、独立活动等良好的行为和习惯。

当孩子的情绪出现变化时，总是通过行为表现出来，比如：

· 当孩子内心紧张时，会用手紧紧地抓住妈妈的手，或者突然改变平时的习惯，变得寡言少语，或变得喋喋不休，甚至出现一时性的口吃。

· 当孩子缺乏安全感或面临困境时，他会表现出退缩，不参加活动，或者会产生攻击性行为，以示反抗。往往越是不自信的孩子越容易采用哭叫或攻击性行为来保护自己。

・表现出焦虑，不安。孩子有时会采用一种习惯性动作来表达自己的情绪，如吮手指头。吮手指是一种征兆，它表达了孩子内心的焦虑，以及需要得到更多的安全保障的愿望。此外，还有咬指甲、吮衣角等行为，有的孩子喜欢抱着一样东西睡觉，如抱着一只玩具熊、抱着一只枕头、抱着一本书等，这都与孩子情绪紧张、内心焦虑，要寻求满足有关。

作为妈妈要有一双敏锐的眼睛，随时洞察儿子的情绪变化。当发现他情绪低落或反常时，妈妈要及时对儿子进行引导，释放儿子不良的情绪。情绪的作用如此重要，对孩子的影响如此之深，那么妈妈如何才能让儿子成为情绪的主人，如何将儿子培养成为一个有着健康、积极情绪的人呢？

妈妈要保持良好的情绪

美国俄亥俄州的费斯研究所曾对百余位孕妇做了一项胎教实验发现，母亲的情绪言行直接影响胎儿的性格和智慧。当母亲产生愤怒或恐惧的情绪时，她身体将分泌许多"副肾素"与"乙酸胆碱"，这两种化合物能注入胎儿的血液中，刺激胎儿神经系统，对于胎儿的人格颇有影响。如果妈妈在怀孕时性情温和少发脾气，将来孩子的性情就会好一些。妈妈如果喜欢文学、绘画和音乐，这个孩子的艺术天赋可能就比较高。母亲在孕期一心为善，日后孩子的个性也较方正。

所以，好妈妈要从怀孕起就尽量消除恐惧、愤怒、焦虑不安的情绪，多接受一些新鲜的、令人愉快的刺激。多听悦耳动听的音乐，看美丽的图画，观赏优美的景色，保持一份好心情，为孩子营造健康良好的精神环境。

为孩子提供愉快的家庭环境

家庭是以血缘关系为纽带联系起来的情感共同体,每个家庭都有其特定的情感氛围,表现为家庭内部的一种稳定的、典型的、占优势的情绪状态。

父母是家庭情感氛围的重要主体和创造者,如果父母能互敬互爱,和睦相处,善于处理好自己的情绪,尽可能表现得愉快、喜悦、乐观向上,这不仅能使孩子生活在温馨的家庭氛围中,得到关心爱护,获得爱和尊重的体验,从而心情愉快,产生主动向上的积极情感,而且也为孩子处理消极情绪提供榜样,对孩子学习情绪、理解情绪和处理情绪产生潜移默化的影响。

父母的情绪愉快稳定,在日常生活中会感染孩子,孩子的情绪也会处于愉快的状态。父母要根据孩子的年龄特点给予所需要的爱,这种爱既能培养孩子的愉快情绪,也是人格建构中不可缺少的组成部分。父母若按照成人的是非判断标准来要求孩子,必然会对孩子限制过多,这是不利于孩子愉快情绪培养的。

教孩子转移不良情绪

孩子的注意力很容易发生转移,消极情绪状态持续时间不一定很长。因此,面对孩子的过激情绪,妈妈可讲究一些策略,如冷处理、设法转移孩子的注意力等。

英迪拉·甘地夫人作为领袖,对印度有着出色的贡献,她个人权力旺盛,坚忍不拔,政治上不屈不挠,在世界事务中坚持独立自由。作为母亲,她是孩子心中最好的母亲。她的长子拉吉夫在母亲遇刺身亡后,受命于危难之间,他是尼赫鲁家族中的第四代,第三位总理,也是印度历史上的第六任总理。母亲对他的成长起到了至关重要的作用。

拉吉夫自幼性格内向,言语不多,甚至有些腼腆。在他三岁时,英迪拉全家搬进了新居。年幼的拉吉夫对新居有些不适应,总是觉得不开心,什么地方都不好玩,因此不时莫名其妙地大吵大闹。有一次,拉吉夫又不知道为了什么原因在家里哭闹,大家都没有办法。这时,母亲英迪拉就对他说:"孩子,花园里的喷泉很美,你想哭的时候就到喷泉那里去哭。"拉吉夫听到母亲这么说,果然跑到花园的喷泉那里,他见到那里有很多有趣的东西,就不觉得烦躁了,停止了哭泣。此后,每次孩子们流泪时,英迪拉总是会轻声地在一旁提醒一声"喷泉",孩子们就走开了。因为英迪拉知道,花园里有很多东西可以吸引孩子们的注意力,因此,他们就会很快地忘记一切烦恼。这个办法屡试不爽。

教儿子释放不良情绪

情绪的发展是有其规律性的,一旦不良情绪出现并积聚到一定程度,它就必然会沿着它的发展轨迹,上升到顶峰,然后到达释放点。因此,当儿子的情绪已经积聚到一定的阶段时,必须给儿子找一个情绪的出口,将不良情绪释放出来,这样才有助于其健康成长。

由于体内睾丸素的作用,男孩比女孩更容易愤怒,更需要发泄,而且男孩不会像女孩一样,能用语言表达出"我生气了""我很难过"等情绪,他们更多的是用身体来表达情绪。

尤其是2～5岁男孩会越来越多地显露自己的个性,这时的孩子更容易发火,因此,妈妈不要一味地压制儿子的情绪,而应教给儿子一些表达情绪的方式,培养他调整自己的能力。比如通过运动来释放不良情绪。同时给他发泄的机会，允许他喊叫或者是大哭一场。

每个人都应当学会发泄情绪，尤其是孩子，他们心理承受能力差，也不会用大道理来开脱自己，要他们能很快调整心态，做到豁然开朗似乎有些苛求。最直接的方法就是将情绪发泄出来，这对他们的身心都有好处。

让儿子在交往中获得良好的情绪

孩子如果长时间独处，会产生莫可名状的孤独感，渴望交流又得不到交流的状况可能导致慢性的情绪压抑。积极与朋友交往不仅可以愉悦孩子的身心，也为孩子提供了实践情绪调控的机会。通过与朋友的交往，孩子可以从小伙伴身上学到一些积极的情绪，同时也可以在与朋友的冲突中，学会如何与别人协调，如何抑制自己不合理的愿望和情绪等。

让儿子经常微笑

心理学家经过深入的研究发现，行为能够影响情绪。当人感到忧郁时，不要拖着双脚垂头丧气地走路，要像风一样疾走；不要躬着背坐着，而要挺直身子；不要愁眉苦脸，要露出笑脸。这样做本身就能够让人感觉良好。一位心理学家说："行动本身会转变成快乐。"所以妈妈要尽量让儿子微笑。

帮助儿子增强对积极情绪的愉快体验

孩子亲身经历过的情景比起故事、图片来更能引起他的情绪共鸣，也更能印入其心灵深处。因此，妈妈的微笑和赞扬会使孩子获得情绪上的满足,产生积极的情绪体验。多次强化这种积极的情绪,孩子今后在同样情境下就能正确表达情绪,并逐渐成为一种稳定的情绪定势。

培养独立自主的男孩

科威特教育家穆尼尔·纳素夫说过:"独立能力是人生的基础。"教育家蒙台梭利也十分重视幼儿独立性的培养,她说:"教育者先要引导孩子沿着独立的道路前进。"她认为,儿童自身有着巨大的发展潜力,应尊重幼儿的自主性、独立性,放手让他们在活动中发展。如果一个人无法独立,那么他的人生也就不知道该如何面对变化无常的生活。人只有克服了依赖性,经受住了艰苦环境的磨炼和考验,才能走向成功与辉煌。

妈妈要懂得放手

妈妈在养育儿子的过程中一定要注意母子关系的分寸,对儿子过度的关注和关爱,会对男孩造成较大的心理影响,影响儿子将来与女性的交往。独立自主是健康人格的表现之一,它对孩子的生活、学习质量以及成年后事业的成功和家庭生活的美满都具有非常重要的影响力。

通常,男孩在10岁以后要求独立的愿望会越来越强烈。他很想证明自己是属于男性世界的。这时，母子之间的关爱方式必须改变。妈妈应该让儿子逐步摆脱心理上对自己的依赖，从而让儿子顺利地走向独立的人生。

不但孩子有依赖心理，事实上，很多妈妈更害怕孩子离开自己。有的妈妈经常向儿子传递"我需要你，不要离开我"的信息，使孩子长大以后很难拥有真实、完整的自我，很难给予将来的女友真诚的承诺。男孩子把和妈妈之间悬而未决的问题带进自己的婚姻，他将来也很难拥有一个完整的幸福的家。因此，妈妈一定要学会放手，只有你放手了，儿子才会拥有更美好的人生。

鲁伯特·默多克是世界传媒大亨，他控制了澳大利亚2/3的报纸，英国的《太阳报》《泰晤士报》等40%的报纸都由默多克控股。他还拥有英国的天空电视台、美国的福克斯电视网、中国香港的亚洲卫视。在这位世界巨富成功的背后，是一位严母的教育和心血。她给予默多克的早期教育，以及对他的鼓励和支持，使默多克一生受益无穷。

默多克的父亲凯斯·默多克对他唯一的儿子默多克很是喜欢，甚至有点溺爱，为了纠正默多克在父亲的宠爱下养成的任性和娇气，母亲伊丽莎白专门为默多克在花园里盖了一间小木屋，只有在寒冷的冬天，默多克才可以和父母以及姐妹们一起在大房子里睡觉。

从春天到秋天，太阳下山，全家吃完晚饭读书看报以后，母亲就要求小默多克去花园的小木屋里睡觉。最初，母亲还时常在小木屋里陪伴默多克，等他睡着后才返回大屋。渐渐地，默多克开始喜欢上了这间小木屋，于是，母亲就让他自己一人在小木屋里睡觉。

父亲凯斯却于心不忍，几次三番地想打退堂鼓让小默多克搬回大屋睡觉，这时，母亲就会对父亲说：我认为在外面睡觉对我们的儿子很有好处，这是对他的一个锻炼。他不仅仅是要适应这些树，更重要的是，他还要适应自然界的黑暗，适应独处，这样做会让他变得更勇敢。就这样，默多克在小木屋里一住就是好几年。实际上，这个花园里的小木屋是一个美妙的小房子，屋内有电灯，有一张床，还时时可看见萤火虫，而且夏天的时候非常凉爽。默多克越来越喜欢他的小木屋。

　　默多克10岁的时候就被母亲送到了寄宿学校去生活。刚开始，父亲以儿子年纪还太小无法自己照顾自己为由，反对这一做法。但母亲却坚持她的想法不让步，她对丈夫说：在寄宿学校的生活能教会儿子如何与他人相处，这对孩子绝对有益，有助于培养儿子无私的精神。默多克就读的学校叫基隆语法学校，这里位于海风口，冬天非常寒冷。但这个学校的教员个个博学多才、诲人不倦，校长严格且尽职，默多克在学校里不仅仅学到了丰富的知识，而且还培养了学生社团，并渐渐成为令人瞩目的风云人物，还担任了校报的编辑，开始了他的媒介生涯。可以说，正是母亲的这种铁石心肠才造就了默多克今天的成功和辉煌。

在日常生活中培养儿子的独立性

　　一个教育学家说："我看过了，我忘记了；我听过了，我记不清了；我做过了，我就记住了"这充分说明了动手对培养孩子独立性的重要，做妈妈的一定要注意多让儿子动手实践。从身边的一些小事开始，让儿子自己穿脱衣服，自己收拾玩具，自己睡觉等。还可以在家里的房间中，给儿子设置一个单独的区域，让儿子自己做主，给儿子一种小主人的感觉，让他在活动过程中感受独立做事的乐趣，培养他们自己的事情自己做的意识。

孩子的独立能力总是随着身体的发育，心理能力的不断提高而不断地从不会做到逐渐学会做，从做的不像样到做的井井有条，这是孩子成长的必然规律，也是必经的过程。做妈妈的不可以过于急躁，或者给予儿子过多的帮助。

让儿子从小学会自我管理

妈妈应放手让儿子在他生活的小范围内自理，让他失败，碰钉子，这样儿子才会从失败中记取教训而成长起来。一个人在成长的过程中不可避免的有成功，也有失败和失误。而且通常是经过无数次的失败，才能获得较大的成功。孩子的成长也是一样，如果从小一切都由父母包办，孩子感到一切都可以依赖父母，形成一种"安全感"，那样反而容易出大事。

不要过度保护孩子

在我国，目前独生子女越来越多，父母对孩子过度宠爱，从而产生了过度保护和过多限制等问题。比如，很少给1岁内的孩子提供练习坐、爬、站立、行走的机会。孩子醒着时经常抱在怀里，或经常让他们躺在床上，或坐、站在带围栏的小床里。这种做法实际上剥夺了孩子主动探索和认识外部世界的机会，阻碍了他们的心理发展。

在欧美国家父母非常重视孩子独立性的培养，推崇"个人奋斗"，而不是依赖父母和其他人，他们主张从小就培养孩子的独立意识。孩子一出生就让他独居一室，极少与父母同住。孩子刚学走路时，跌倒了，让他自己爬起来。

满足儿子独立的要求

通常,在孩子两三岁的时候就会出现最初的自我概念。他们以第一人称称呼自己,并开始出现"给我"、"我要"、"我会"、"我自己来"等自我独立性意向。心理学家指出:当幼儿的独立活动的要求得到某种满足或受到成人支持时,幼儿就表现出得意、高兴,出现"自尊"、"自豪"等最初的自我肯定的情感和态度,否则就出现否定的情感和态度。因此,做妈妈的必须十分珍惜幼儿的独立性意向,抓住2～3岁这个关键时期,因势利导地培养儿子的生活自理能力。通过妈妈的热情鼓励和支持,使儿子的独立性不断发展。

给儿子表达意愿的权利

孩子很小的时候就有了作为一个独立的个体人的自尊意识,作为妈妈要注意对儿子说话的口气和方式,以平等的态度对待孩子,尊重孩子的人格。当儿子有话要说时,要认真听儿子讲话,让儿子感受到来自你的尊重。在让儿子做事时尽量用商量的口气,而不是命令的口吻。事实证明:受到父母充分尊重的孩子,大多与父母非常合作,待人友善,懂礼貌,举止大方,自我独立意识强。

未来是属于孩子的,孩子未来的路要靠他们自己去走,未来的生活要靠他们自己去创造,教育者应循序渐进、耐心引导幼儿逐渐养成独立习惯,特别是多给幼儿自己去尝试体验的机会。在培养过程中积极鼓励孩子的每一点进步,帮助他们树立自信,让孩子在独立中成长吧!

他山之石

英国

英国的家长认为，对孩子的娇宠于孩子十分有害，所以家庭教育中特别注重对孩子独立意识的培养。在孩子很小的时候，家长就会放手让孩子尝试去做生活中的各种事情，如自己吃饭、自己穿脱衣裤、自己整理房间等为自我服务的事情。

英国私家车的拥有量是很高的，很多家庭都有自己的轿车，可以很方便地接送孩子上下学。但是，英国的家长们很少会开车接送孩子，他们都是让孩子自己背着书包徒步或乘坐校车去学校。

英国人在公共汽车上遇到老人、残疾人和孕妇都会主动让座，但是，他们唯独不会给孩子让座，英国人认为孩子是需要锻炼的，应该鼓励孩子独立。

英国父母常常带着自己的孩子去探险，深入到大自然中，在险恶的环境中生存，目的是十分明确的，就是为了锻炼孩子的意志和勇敢精神，为今后的人生做好人格方面的准备。

日本

日本教育孩子有句名言：除了空气和阳光是大自然的赐予，其余的一切都要通过劳动才能获得。在这一观念指导下，许多日本父母在教育孩子学好功课的同时，要求他们利用课余时间做些力所能及的家务，到外面打工挣钱。在日本大学生中，勤工俭学的非常普遍。他们靠在饭店端盘子、洗碗，在商店售货，做家庭教师，陪护老人等，挣自己的学费。

日本家庭从小就培养孩子自主、自立的精神。大部分家庭要求孩子做家务劳动，包括吃饭前后的帮忙、烧饭；让孩子收拾整理自己的房间及身边的东西；让孩子自己去买东西等。日本家长非常支持孩子在学校里学好烹饪、缝纫课等。在日本，孩子自己处理问题的能力都比较高，适应生活、环境的能力都比较强。

美国

美国的家庭教育是以培养孩子富有开拓精神、能够成为一个自食其力的人为出发点的。父母从孩子小时候就采取种种方法，让他们认识到劳动的价值，比如让孩子自己动手装配自行车，修理小家电，做简易木工，粉刷房间，到外边参加义务劳动等。即使是富有的父母，也十分注重对孩子进行自谋生路的能力教育。

美国南部一些州立中学为培养学生独立适应社会生存的能力，还特别规定：学生必须不带分文，独立谋生一周才允许毕业。不管家里经济状况如何，孩子在12岁以后就得给父母的庭院剪草、给别人送报，以换取些零花钱。一些家庭还要求孩子外出当杂工，如夏天替人推收割机，秋天帮人扫落叶，冬天帮人家铲积雪等。美国的父母们常说，只要有利于培养孩子谋生的能力，让他们吃再多的苦也值得。

美国的家长也关心孩子一天的饮食，但跟中国父母相比，真是天壤之别。美国人从不硬逼孩子多吃饭，美国孩子从能够拿得动勺子那一天起，就开始自己吃饭了，即使弄得满脸满身，家长也不会去管。而且，美国孩子从上小学一年级开始，每天中午就在学校吃午饭，根本不会有家长跑回家给孩子做饭。家庭贫穷的学生可以在学校领免费午餐。孩子在学校想吃什么不想吃什么，都是自己决定,家长看不见也不知道。中产阶级的孩子会带饭到学校,大多数是一片三明治,一瓶果汁再加一块甜点。孩子怎么吃,吃了多少,又丢掉多少,家长一无所知,也根本不问。

美国家庭吃饭,桌上摆几样菜,孩子喜欢吃哪样或者不喜欢吃哪样,都由自己决定。美国家长把孩子当作跟自己平等的人,尊重孩子个人的意愿。事实上,几乎所有美国孩子都不喜欢吃青菜,有的美国家长会要求孩子吃一些,如果孩子坚持不吃,也就不吃了。尽管美国父母也知道青菜的营养价值,但他们绝对不会强迫孩子去吃。美国孩子吃饭,自己说吃饱了,就可以立即放下刀叉,甚至离开饭桌。美国家长不会在孩子说吃饱后,还连哄带骗的逼孩子多吃几口才许离桌。

美国人在吃饭这件事上的态度和做法体现了美国儿童教育学的一个核心目标:培养孩子独立的能力。孩子吃饭,必须自己决定喜欢吃什么,不喜欢吃什么,或者自己是否吃饱。如果明明没有吃饱,而是为了贪玩而不再吃,那么过一会儿他挨饿,就活该了,因为那是他自己的选择,他必须自己承受后果,真正尝到苦处,下一次就不会重犯。美国人总爱说,犯错误是一个不可缺少的学习过程,儿童教育学对这一认识尤其重视。美国家长相信,孩子的生活是孩子自己的生活,不管现在还是将来,孩子只能过自己独立的生活。所以必须尽早培养孩子独立生活的能力。

德国

德国一贯重视培养孩子"勤奋、正直、可靠、乐于助人、作风正派"等品格。因此,父母们从不包办孩子的事情。他们将子女视作独立的个体,给他们空间,让他们独立地去完成自己应该做的事。譬如，在孩子一周岁左右，父母就鼓励他们自己捧着奶瓶喝牛奶，喝完了，父母还向孩子道谢并加以赞许。随着孩子年龄和能力的增长，父母再引导他们完成一些更难的事情。这样，当他们进入社会时，在别人的眼里就不会成为低能的"怪物"。

培养乐观的儿子

一位著名的政治家曾经说过:"要想征服世界,首先要征服自己的悲观。"人生中悲观的情绪不可能没有,关键是要学会如何击败它,征服它。悲观是一个幽灵,能征服自己的悲观情绪便能征服世界上的一切困难之事。当你战胜悲观的情绪,用开朗、乐观的情绪支配自己的生命时,就会发现生活中更多的乐趣。法国作家阿兰曾说:"烦恼是我们患的一种精神上的近视症,应该向远处看并保持积极乐观的心态,这样我们的脚步就会更加坚定,内心也就更加泰然。"开朗乐观的人不仅较为健康,而且婚姻生活较为幸福,事业上也较易获得成功。

当你的儿子出现以下的表现时,做妈妈的就要警惕了,说明你的儿子有点悲观主义倾向:

1. 有时会无缘无故感到难过;

2. 当某些事情进行得不顺利时,儿子常常会急得掉眼泪;

3. 虽然知道自己没有错,但别人一旦提出反对意见,还是会表现得十分沮丧;

4. 会为过去曾经犯下的小错误或过去发生的小事感到烦恼;

5. 常常对自己身上的小毛病（肥胖、小雀斑）或者自己能力方面的缺点感到沮丧。

6. 遇到困难时，常会表现出不快乐或沮丧；

7. 特别害怕黑暗，或者做噩梦，或者有十分害怕担心的东西（如坐地铁、走空旷的街道）。

8. 遇到困难，比较容易放弃；

9. 要较长的时间才能适应新的事物或新环境；

10. 不太喜欢参加新活动或者尝试新的方法；

11. 受了委屈很难忘怀；

12. 听到别人表扬自己会十分得意，听到别人批评自己则会十分生气。

那么，如何消除儿子的悲观倾向，培养出一个乐观开朗的儿子呢？

让儿子从友谊中获得快乐

在培养快乐性格的过程中，友谊起着重要的作用。不善交际的孩子由于受到孤独的煎熬，享受不到友情的温暖，大多性格抑郁、悲观。做妈妈的要鼓励儿子与同龄人一起玩耍，让他学会如何与人愉快融洽地进行交往。做妈妈的还可以带着儿子接触不同年龄、性别、性格、职业和社会地位的人，让他学会如何与不同类型的人融洽相处。

教儿子及时调整消极的心态

心理学家塞利格曼认为，乐观思想和悲观思想最大的区别是对有利和不利事件原因的解释。乐观主义者认为，有利的事情是能不断发生的,而且是普遍的,他们能努力促使好事发生。而一旦不利的事件发生了,他们也能视为暂时的,不具普遍性的,可以改变的。而悲观主义者恰恰相反,他们认为好事是偶然发生的,坏事才是必然的。在解释坏事发生的原因时,他们或者完全责怪自己,或者全部推给他人。他们认为坏事是无法逆转的。

因此,做妈妈的要使儿子明白,人生难免会遇到挫折和不利,关键是要学会及时调整自己的消极心态,很快地从失望中振作起来,从而获得一生的快乐。

教儿子以快乐思维看世界

有一位老太太有两个儿子,大儿子卖伞,二儿子晒盐。为两个儿子,老太太差不多天天愁。愁什么?每逢晴天,老太太念叨:这大晴天,伞可不好卖哟!于是,为大儿子愁。每逢阴天下雨,老太太又嘀咕:这阴天下雨的,盐可咋晒啊?!于是,又为二儿子愁。老太太愁来愁去,日渐憔悴,终于成疾。两个儿子不知如何是好。智者献策:"晴天好晒盐,您该为二儿子高兴;阴雨天好卖伞,您该为大儿子高兴。这么转个个儿一看,您就没愁可发喽。"果然,经智者这么一解释,老太太恍然大悟,从那以后,变愁为欢、心宽体健起来。

其实,很多事情都是如此,换个角度看时,就会有着不同的心境。因此,要想培养乐观的儿子,妈妈首先要引导儿子学会用快乐思维看待世界。当儿子遇到不开心的事情而悲观时,妈妈应引导儿子对问题进行多方面的思考和衡量,让儿子明白很多事情从不同的角度去看是会产生不同的情绪和结果的。比如,下雨了,不能出去玩了,但妈妈却对儿子说:"太好了,下雨了!你瞧小草都得到了雨水的滋润。"这样就会让儿子从不能外出的消极情绪中走出来,再次快乐起来。

另外,妈妈还要注意自己在处理自身问题和家庭问题时也要时刻抱着乐观的态度和思维方式,这对儿子具有十分重要的示范作用,让儿子通过对妈妈的乐观品质的观察和模仿逐渐养成乐观品质。

引导儿子释放消极情绪

即便是天性乐观的人也不可能事事称心如意,也不可能"永远快乐"。因此,妈妈要注意培养儿子应对困境、逆境,释放消极情绪的能力。当儿子一时无法摆脱困境时,可以教儿子寻求一些精神寄托,或者说是释放点,如参加运动、玩游戏、聊天等。

培养儿子广泛的兴趣

当孩子的兴趣爱好单一时,就很难保持长久的快乐感觉。比如,爱看书的孩子没有好看的书了,爱看电视的孩子找不到合适的节目了,这时自然会感到有些郁郁寡欢。因此,妈妈平时要注意培养孩子多方面的爱好,为孩子提供各种兴趣选择,这样,当孩子的一种爱好得不到满足时,还可以选择另外一种爱好,从而始终保持快乐情绪。

为儿子营造美满和谐的家庭生活

家庭是否和睦在很大程度上会影响孩子性格的形成。研究表明,孩子在牙牙学语之前就能感觉到周围的情绪和氛围,尽管当时他还不能用语言来表达。一个充满了敌意甚至暴力的家庭是绝对培养不出开朗乐观的孩子的,同理,在幸福的家庭中成长起来的孩子自然会乐观开朗。

另外,做妈妈的也有七情六欲,有时也会愁苦不堪,也会大发其火,也会伤心哭泣。但这种情绪应尽量避开儿子发泄,更不要随意向孩子宣泄种种不满和沮丧悲观的情绪。只有让儿子经常看到妈妈的笑脸，才有利于使孩子形成开朗乐观的心境。

不要对儿子过于严格

每个妈妈都希望儿子能够成为有用的人才，必然会对孩子进行严格管教，培养孩子各方面的素质。但是，切忌对孩子控制过严，这样会压制还天真烂漫的童心，对孩子的心理健康产生消极作用。

著名教育学家塞利格曼指出：父母批评孩子的方式正确与否，显著地影响着孩子日后性格是乐观还是悲观。因此，做妈妈的一定要注意把握好对孩子要求的度，对孩子的批评应该恰如其分，不应把几次错误夸大成永久性的过失。最好具体指出孩子的错误及犯错误的原因，使孩子明白自己所犯错误是可以改变的，并知道从何处着手改变。

培养儿子的自信

拿破仑·希尔说："信心的力量是惊人的，相信自己，那么，一切困难都将不会是困难的。因为自信心是一种积极的心理品质，是促使人向上奋进的内部动力，是一个人取得成功而必备的、重要的心理素质。"《东方之子》栏目记者采访邓亚萍时问道："你怎么会每次都获得冠军呢？"邓亚萍举起一个大拇指，说："我，自信！"可见，自信的力量非常大。自信心就像人的能力催化剂，将人的一切潜能都调动起来，将各部分的功能推动到最佳状态。

拥有自信与乐观性格的形成息息相关。对于一个充满自卑的孩子，妈妈必须发现其长处发扬光大，并审时度势地多做表扬和鼓励，从而有助于孩子克服自卑、树立自信，并拥有一个乐观开朗的心态。

杰克·韦尔奇从小就得了口吃症，而且似乎根除不掉。有时候他的口吃还引来不少笑话。在大学里，每星期五，天主教徒是不准吃肉的，所以他经常点一份烤面包夹金枪鱼。不可避免地，女服务员准会给他端来双份而不是一份三明治，因为她听他说的是"两份金枪鱼三明治（tu-tuna sandwiches）"。

杰克·韦尔奇的母亲总是为他的口吃找一些完美的理由。她对杰克·韦尔奇说："这是因为你太聪明了。没有任何一个人的舌头可以跟得上你这样聪明的脑袋瓜。"也正因为此，这么多年来，杰克·韦尔奇从未对自己的口吃有过丝毫的忧虑。他充分相信母亲对自己说的话：他的大脑比他的嘴转得快。

多年来母亲在杰克·韦尔奇身上倾注了很多的关爱和信心。几十年后，当他翻看以前在运动队拍的照片时，惊奇地发现，他几乎一直是整个球队中最为弱小的一个。读小学的时候，他曾当过篮球队的后卫，那时他的个头几乎只有其他几位队员的四分之三。然而，他居然对此从来没有一丝觉察。这一切都源于母亲给予他的信心。母亲总是对杰克·韦尔奇说，"你想做什么都会成功……你尽管去做好了！"

教儿子微笑面对生活

用乐观的态度对待人生就要微笑着对待生活，微笑是乐观击败悲观的最有力武器。无论生命走到哪个地步，都不要忘记用自己的微笑看待一切。微笑着，生命才能征服纷至沓来的厄运；微笑着，生命才能将不利于自己的局面一点点打开。

不要给儿子太丰富的物质生活

邓肯曾说："我每次听到别人谈论，多赚些钱留给子孙，我总觉得他们这种做法，夺去了儿女种种冒险生活的乐趣。他们多遗留一块钱，便使儿女多一分软弱。最宝贵的遗产，是要儿女能自己开辟生活，能自己立足。"

当给予孩子的东西太多时，会使其产生错觉，感觉"获得就是得到幸福的源泉"。当孩子的物质欲越来越强，并越来越难以得到满足时，往往就会产生悲观、消极的情绪。因此，做妈妈的不要给予儿子过于丰厚的物质生活，导致儿子经不起风霜。

如今，越来越多的人已经认识到了这个问题。多年以前，巴菲特就对自己的子女明确表示："如果能从我的遗产中得到一个美分，就算你们走运。"这也就是说，巴菲特夫妇的3个子女，没有一个能够从巨富爸妈手中继承哪怕是一美分的财产。世界首富盖茨的三个孩子每人也只能得到1000万美元和价值1亿美元的住宅。黎巴嫩穷苦移民出身的建筑工程界巨子约瑟夫雅各布斯靠自己白手起家，如今已是亿万富翁，他宣布只留给女儿自己公司价值100万美元的股份，大部分遗产捐给慈善事业。金融大鳄索罗斯也早就明确表示：他准备将自己在基金会里的工作交给已近40岁的长子，但自己的遗产则将捐给本国的公益机构和东欧的教育机构。花旗银行集团董事长桑福德·韦尔也已决定捐赠巨额财产。英国一家国际性的美体公司创始人阿妮塔·罗迪克也表示要将自己的财产捐献给慈善机构，而不是留给子女。

乐观是孩子拥有的最大魅力，它远比聪明漂亮更重要。身为父母的你要经常讲些快乐而幽默的事情给孩子听，让孩子知道乐观是一种积极的人生态度，慢慢的，他会知道如何去制造和珍惜快乐。

让儿子坚强起来

英国著名科学家贝弗里奇说:"几乎所有有成就的科学家都具有一种百折不回的精神。因为大凡有价值的成就,在面临反复挫折的时刻,都需要毅力和勇气。"

在美国有这样一句话:"假如手里总是有一把雨伞,还担心下雨干什么呢?"在人生中,假如用"晴天"代表顺境,那么"雨天"就代表逆境。每个人都喜欢"晴天",但"雨天"却总不可避免。雨天里,手里有伞的人方便继续赶路;逆境中,心中有"伞"的人可以继续生活的脚步。心中的"伞"就是坚强的心,就是坚强的意志品质。

列宁性格中的许多优点,刚毅不屈的意志、罕见的坚强都是从母亲那里继承来的。列宁的母亲——玛丽娅,长子被害,长女被放逐,次子列宁因参加学生集会而被大学开除学籍后遭放逐,这一切都没有动摇列宁母亲的坚强意志,她从长期的斗争中认识到自己子女所走的道路尽管是冒险的然而却是正确的。所以当沙皇警察威胁她说吊绳又悬在你次子的颈上时,她大义凛然地回答:老天爷,我以自己坚强的儿子自豪哩。

心理学家指出，性格是人对现实的稳定态度以及与之相适应的习惯性行为方式，是人格的一个重要方面。性格属于非智力因素范围与智力因素组成的心理活动的两个相互联系、相互影响的方面。坚强的性格有利于调动人的积极性、主动性和强化脑细胞活动，使智力活动呈现积极状态，从而使人在学习工作中产生异乎寻常的高效率。在现实生活中，人的性格是多种多样的，在各种各样的性格中最优秀的性格是坚强性格，具有独立坚强性格的人具有坚持力、自制力，能不怕困难、勇往直前，在学习生活中不断取得成功。

你的儿子坚强吗？请用下面的测试题测一下吧：

1. 我很喜欢长跑、长途旅行、爬山等体育运动，但并不是因为我的身体条件符合这些项目，而是因为它们能锻炼我的意志力。

（很同意　比较同意　说不准　不大同意　不同意）

2. 我给自己订的计划常常因为主观原因不能如期完成。

（这种情况很多　较多　说不清　不大同意　不同意）

3. 如果没有特殊原因，我要每天按时起床，不睡懒觉。

（很同意　比较同意　说不准　不大同意　不同意）

4. 订的计划应有一定的灵活性，如果完成计划有困难随时可以改变或撤销它。

（很同意　比较同意　说不准　不大同意　不同意）

5. 在学习和娱乐发生冲突时，哪怕这种娱乐很有吸引力，我也会马上决定去学习。

（经常如此　较经常　时有时无　较少如此　不是如此）

6. 学习或生活中遇到困难的时候,最好的办法是立即向老师、家长或同学求援。

（同意　较同意　无所谓　不大同意　反对）

7. 在练长跑中遇到生理反应,觉得跑不动时,我常常咬紧牙关,坚持到底。

（经常如此　较常如此　时有时无　较少如此　不是如此）

8. 我常因读一本引人入胜的小说而不能按时睡眠。

（经常有　较多　时有时无　较少　没有）

9. 我在做一件应该做的事之前,常能想到做与不做的不同结果,而有目的的去做。

（经常如此　较常如此　时有时无　较少如此　并非如此）

10. 如果对一件事不感兴趣,那么不管它是什么事,我的积极性都不高。

（经常如此　较常如此　时有时无　较少如此　并非如此）

11. 当我同时面临一件该做的事情和一件不该做的却吸引着我的事时,我常常经过激烈的思想斗争,让前者占上风。

（是　有时是　是与非之间　很少这样　不是）

12. 有时我躺在床上,下决心第二天要干一件重要事情（例如突击一下学外语）,但到第二天,这种劲头又消失了。

（常有　较常有　时有时无　较少　没有）

13. 我能长时间做一件重要但枯燥无味的事情。

（是　有时是　是与非之间　很少这样　不是）

14. 生活中遇到复杂情况时,我常常优柔寡断,举棋不定。

（是　有时有　时有时无　很少有　没有）

15. 做一件事情之前，我首先想到的是它的重要性，其次才想它是否使我感兴趣。

（是　有时是　是与非之间　很少这样　不是）

16. 我遇到困难情况时，常常希望别人帮我拿主意。

（是　有时是　是与非之间　很少是　不是）

17. 我决定做一件事时，常常说干就干，决不拖延或让它落空。

（是　有时是　是与非之间　很少是　不是）

18. 在和别人争吵时，虽然明知不对，我却忍不住说一些过头话，甚至骂他几句。

（时常有　有时有　有时无　很少有　没有）

19. 我希望做一个坚强的有意志力的人，因为我深信"有志者事竟成"。

（是　有时是　是与非之间　很少是　不是）

20. 我相信机遇，好多事实证明，机遇的作用有时大大超过人的努力。

（是　有时是　是与非之间　很少是　不是）

计分方法与评价：

1. 凡单号题（1、3、5、……），每题后面的五种回答，从第1~5依次记5、4、3、2、1分。凡双号题（2、4、6……），每题后面的五种回答，从第1~5依次记1、2、3、4、5分。

2. 20题得分之和与意志品质的关系如下：

80~100分，意志很坚强。

61~80分，意志较坚强。

41～60分，意志品质一般。

21～40分，意志较薄弱。

0～20分，意志很薄弱。

坚强不是孩子长大后忽然学会的，而是在经历种种困难、危险、挫折、失败的进程中逐步形成的。因此，要想儿子坚强，妈妈必须从小就要抓紧对儿子意志品质的培养，注重对儿子的锻炼和培育。

利用计划和目标来锻炼儿子

有的男孩子做事情虎头蛇尾，一开始决心很大，干劲很足，但是三天热乎劲儿一过，后边就稀松平常了。有的男孩子做一件事开头犹犹豫豫，难下决心，而干起来之后能够较好地坚持。这些都是因为缺乏计划与目标造成的。

做妈妈的应根据儿子的年龄特点，为其制定短期和长期两种目标，短期目标要具体明确，要让儿子明白，只要付出努力，一定会成功。而长期目标要比短期目标定得更高、更远些，促使他为之努力。当孩子心中有了目标，他就会为实现目标去努力，表现得坚毅、顽强和勇敢。在达到目标的过程中，妈妈要帮助儿子正视困难，克服困难，加大自我管理的力度，不断地激励他，从而锻炼儿子的坚强意志。

通过劳动和活动来锻炼儿子

《孟子》曰"故天将降大任于斯人也，必先苦其心志，劳其筋骨，饿其体肤……"虽然现在生活条件好了，但是，"劳其筋骨"仍是磨炼坚强意志的重要方法。做妈妈的可以选择一些适合儿子的劳动或者活动，比如，爬山，跑步，游泳等，锻炼孩子的坚强意志。方法很多，关键在于坚持。

　　日本人深感年轻一代的创业精神远不及老一辈，便想方设法对孩子进行"吃苦教育"。在日本的许多孤岛或森林里，常常可以看到小学生的身影，他们在没有老师带领的情况下，面对既无粮又无水的可怕境地，安营扎寨，寻觅野菜野果，捡拾柴草，寻找水源，自己"营救"自己。这些孩子都是家长主动送去的。像这样的"吃苦"教育，在日本是孩子们的必修课。日本每年都要定期举办"田间学校"，"孤岛学校"、"森林学校"等，组织学生到田间、森林或海岛去"自学"，让孩子经风雨，见世面，培养吃苦耐劳的精神和克服困难的毅力。

给予儿子足够的锻炼空间

　　孩子成长的过程中难免会经历失败，但只要妈妈给予儿子不断尝试的机会，让儿子自己解决所遇到的许多外部困难和障碍，儿子就必然会从挫折实践中逐步成长为一个坚强的男子汉。比如单独活动，同生人谈话，与小朋友来往，自己完成作业等。即使有一定困难也要让孩子自己去做。

　　在这一过程中，做妈妈的切忌替孩子包办一切，给予孩子过多的帮助和支持。当孩子凭借自己的力量最终实现目标后，他就会在高兴之余还能感受到成功的来之不易，从而获得一分与众不同的满足感，这也可以增强孩子克服困难的勇气和不达目的不罢休的决心。

进行必要的挫折教育

当面对逆境或挫折时，不同的人对待逆境或挫折产生不同反应，这种反应的能力，就叫逆境商(AQ)。高 AQ 的人在面对逆境时，始终保持上进心，从不退缩，他们会把逆境当作激励自己前进的推动力，能够发挥最大的潜能，克服种种困难，获得成功。

一位美国儿童心理卫生专家说："有十分幸福童年的人常有不幸的成年。"很少遭受挫折的孩子，长大后往往会因不适应复杂多变的社会而痛苦不堪。坚强的品质不是天生的，而是在困难中磨炼出来的。做妈妈的可以有意识地在生活中给儿子设置点困难和障碍，让儿子从中认识到挫折是不可避免的，并通过自己的努力去战胜它。

"挫折教育"其实就是使孩子不仅能从外界给予中得到快乐，而且能从内心激发出一种自寻快乐的本能。这样在挫折面前才能泰然自若，保持乐观。

在对儿子进行挫折教育时，妈妈要注意适量适度的原则。一方面必须有一定的难度，能引起孩子的挫折感，另一方面又不能太难，应是儿子通过努力可以克服的。同时，不可以让儿子一次性面对太多的难题，以免损伤孩子的自信心和积极性，使孩子产生严重的挫折感、恐惧感，最后丧失兴趣和信心。

多激励和表扬

适当的赞扬能提高孩子的自信心，有利于意志的锻炼。在孩子遇到困难而退缩时要鼓励孩子，让他认识到人的一生会遇到很多挫折，关键在于我们如何正确地认识和对待它，只有鼓起勇气努力向前，才能最终克服困难，战胜挫折。另外，在孩子做出很大努力取得一定成绩时,要及时肯定,让孩子看到自己的能力,从而更有信心地去面对新的困难。

妈妈要时刻关注儿子所表现出来的坚强品质,适时、适度地给予肯定和赞赏。温存的微笑,亲切的抚摸,友好的合作,对于孩子都是莫大的鼓舞,从而让儿子坚强地面对问题和困难。

多拥抱儿子

美国著名的心理学家赫洛德·傅斯博士研究发现,拥抱可以让人更年轻、更有活力,并能让家人之间更亲密。常常拥抱你的孩子,能提高他们的心理素质,让他们变得更坚强。

当妈妈张开双臂拥抱儿子时,会让儿子在大人的臂弯里感受到妈妈的体温,让亲子间的依恋关系进一步得到加强,也给儿子带来了安全感,让他感到自己无论做什么,都有父母作为坚强的后盾。这样的孩子胆子会变大,遇到挫折时也不会感到孤独。

另外,温暖的拥抱还能赋予孩子战胜压力的力量。孩子从小到大要承受各种压力,上学时有考试压力、交友时有人际压力。而拥抱就是一种无言的力量,让孩子在身心放松的同时,也感受了妈妈用肢体传递给他的动力,从而推动儿子尽快地释放压力,轻装上阵。

从小事中磨炼儿子的意志

从小事做起,持之以恒,是磨炼意志的好方法。为了培养儿子良好的心理素质,使儿子具有坚强的意志,美好的心灵,活泼开朗的个性,妈妈应从小事开始锻炼孩子的意志,培养孩子的自信心和勇敢精神。

许多在事业上有成就的人，都曾通过小事情磨炼自己的意志。苏联科学家巴甫洛夫，以工作精确、细致著称。他写字十分工整，像印刷出来的一样。原来他在年轻时，就是把工工整整地书写作为自己磨炼意志的开端的。我国体育名将周晓兰，在球场上吃得苦、忍得痛，意志坚强，与她小时候在小事上的磨炼分不开。上小学时，她常因看电影耽误功课，在父亲帮助下，从克制看电影做起，功课做不完，把电影票退掉，再好的电影也不去看。经过一段时间，她战胜自己，养成了很强的自制力。正如著名文学家高尔基所说："哪怕对自己一点小的克制，都会使人变得强而有力。"

培养儿子直面挫折的意识和勇气

生活中挫折无处不在，妈妈应让儿子学会勇敢地面对生活与学习中的困难。当孩子走路摔跤时，妈妈不要急于去把孩子扶起来，而应鼓励儿子自己站起来，并提醒他怎样才不至于摔跤。妈妈可以让儿子做自己能干的事情，并有意识地拒绝孩子的一些要求；把孩子爱吃的东西分给大家，让孩子学会等待等，从而培养孩子的耐挫能力。妈妈要有意识地引导儿子以积极乐观的心态看待现实中的不如意。并鼓励孩子积极地改善现实，使事情向好的方向发展。

妈妈要以身作则

在培养儿子坚强教育方面，妈妈的身教重于言教。要使孩子对挫折有更强的承受力，首先妈妈自己要冷静、客观、积极地对待生活中的各种事情，即使遇到很大的麻烦和困难，也不要在孩子面前表现出消极丧气的样子。否则，妈妈的消极情绪和言行就会不知不觉地影响孩子，使孩子一碰到困难或稍有一点不如意，就觉得委屈、焦虑。妈妈只有首先在处理问题中冷静、不怕困难，才能使孩子从中学到如何坦然面对挫折，怎样勇敢地面对现实。

真正爱孩子的父母，要放开孩子的臂膀，因为自由的鹰要比禁锢在笼里的小鸟飞得更高、更远，让他们懂得生活的艰辛，独立去面对困难的挑战，只有这样，孩子才能真正理解什么叫坚强。每一个孩子都会跌倒，但一次跌倒后爬起来，就会站得更稳。

培养儿子的责任心

责任心是指个人对自己和他人,对家庭和集体,对国家和社会所负责任的认识、情感和信念,以及与之相应的遵守规范、承担责任和履行义务的自觉态度。责任心是孩子健全人格的基础,是能力发展的催化剂。

在 IBM,每个人坚守和履行的价值观念之一是:"在人际交往中永远保持诚信的品德,永远的责任意识。"在微软,"责任"贯穿于员工们的全部行动。

责任不仅是一种品德,更是一种能力,而且是其他所有能力的统帅与核心。缺乏责任意识,其他的能力就失去了用武之地。无论多么优秀的能力,只有通过尽责的工作才能完美的展现。

2003 年美国当地时间 2 月 1 日上午 9 点,也就是在哥伦比亚号着陆前 16 分钟,载有 7 名宇航员的美国哥伦比亚号航天飞机在结束了为期 16 天的太空任务之后,返回地球,但在着陆前发生意外,航天飞机解体坠毁。造成这起悲剧的原因是航天飞机在起飞时,一块从燃料箱上脱落的碎片击中了飞机左翼前部的隔热系统,而航天飞机的表面覆盖有 2 万块隔热瓦和 2300 块隔热衬垫，所以这一块隔热瓦的脱落似乎并没有引起大家的注意，而最后，正是因为这一微小的失误而酿成了惨剧。也反映了责任心对于事情的重要性，哪怕有一个人对这件事的责任心再强一些，这场悲剧就不会发生。

你的孩子的责任心如何？对照下面的 16 个问题检测一下，如果你觉得孩子符合的情况为多数，则说明孩子的责任心是比较强的。反之，则需要加把劲喽！

1. 对父母所从事的职业和工作中所取得的成绩，感到自豪。

2. 父母生病时，心里难过，主动给父母倒水喝，询问父母是否需要陪着去医院。

3. 父母心情不好时，主动安慰父母，设法让父母欢心，努力化解父母郁闷的心情。

4. 不和父母耍脾气闹别扭。和父母讲话时，很注意措辞、语气，说得入情入理，使父母愿意接受。

5. 家里遇到经济困难时，主动省吃俭用，节约花钱，为父母分忧解难。

6. 对父母的生日记得很准，热心为父母操办生日庆宴。

7. 关心祖父母和外祖父母，经常利用周末或节假日去探望他们，或是写信、打电话问候他们。

8. 父母不在家里，家里来了客人，以礼相迎，热情招待，并想法通知父母尽快回家。

9. 把学习求知看成是自己的本分，学习刻苦认真。学习中遇到疑难问题，轻易不向老师、父母求答案，依靠自己的恒心和毅力去钻研。

10. 考了好成绩，马上告诉父母让他们高兴。有时考试成绩不理想，不想告诉父母，怕父母难过、生气。

11. 主动干家务活，认为这是自己作为家庭成员应该做到的，应该做好的。

12. 自己的衣服脏了自己洗，自己的学习用品自己管理，自己爱惜。

13. 自觉参加社会公益劳动。学校组织清扫马路、植树造林和照顾孤独老人等活动，一马当先，干在前头。

14. 做了错事能主动承认错误，不隐瞒事实，不强调客观理由，并能总结、接受教训。

15. 热爱生活，珍惜时间，有理想，有追求，不依赖父母生存，自己规划、设计自己将来的前途。

16. 关心父母疾苦，关心国家大事，立志为社会多做贡献，报答父母，报效祖国。

作为父母，关心、爱护孩子是天生的本能。可是，很多父母在关心、保护孩子的同时，却忽略了孩子是需要学会负责任的。他们总是怕孩子辛苦，怕孩子为难。于是，有的家长替孩子做值日，为孩子洗衣服、袜子，有的甚至替孩子做家庭作业……长期这样，孩子不知道怎样自己照顾自己，更谈不上对他人、对社会的责任感了。

责任感不是天生的，是需要培养的。很多父母对孩子在生活上呵护倍加，而对责任感的教育却意识不到，总是认为孩子还小，长大会慢慢意识到的。有一位年轻的母亲对儿子不合群、自私发愁，她去请教生物学家达尔文。达尔文问："你的孩子多大啦？"她回答说："快3岁了！"达尔文马上严肃地说："对不起，你对孩子的教育已经晚了快3年了！"可见，对孩子的教育必须从小抓起，责任感的培养亦是如此。

重视妈妈的榜样作用

孩子的眼睛就像一台照相机，每天都会在他的眼中留下父母的形象。所以，要培养孩子的责任感，做妈妈的就应该是有责任心的人。妈妈对家庭的责任感、对工作的责任感、对社会的责任感，都会不知不觉地在儿子心灵上打下烙印。这种潜移默化的影响是任何教育方法都无法替代的。

给予孩子承担责任的机会

专家指出，人都有一种积极向上的内在趋势。孩子幼儿阶段所表现出各种主动尝试的愿望，正是一种责任心的萌芽。如要求自己独立吃饭，试穿衣服，手脏了自己洗……做妈妈的此时应鼓励儿子，给予尝试的机会，培养其负责任的意识，增强其自信，逐步成为独立自主，对个人社会负责地迈向自我实现的个体。

刚开始，妈妈可以与儿子一起做，让儿子当助手，分派给他一些简单的很快就能做完的小事，让孩子从中体验到成功的快乐。随着儿子的成长，以及对事情的熟练程度，妈妈可以逐渐退出，让儿子自己单独来做这些事情，让孩子看到自己的能力，看到自己在家庭中的地位和价值，从而意识到自己在家庭中的责任。

根据有关统计，中国孩子每天家务劳动一两个小时，而美国孩子每天家务劳动三四个小时,如果一个孩子在家庭层次的责任心难以确立,将来一旦走上社会,就难以向社会层次的责任心过渡。

从儿子喜欢的事情入手培养责任感

孩子的责任感通常是从对具体事物产生喜爱开始的,起初表现为对他所敬爱的人交给的任务有责任感,而对其他人交给的同样任务没有责任感;对他爱做的事有责任感,对他不爱做的事没有责任感;以后发展为能对自己说过的话、应该完成的任务负责,对同伴、集体负责;到青少年期便能形成更抽象、更概括的责任心,对国家负责,对人民负责,对事业负责。

有位小男孩在5岁那年突然对倒垃圾产生了兴趣,一听到收垃圾的铃声就提着垃圾桶去倒。妈妈为了支持他参加家务劳动的兴趣,不但对他进行表扬,还经常在外人面前称赞他。这样就激发了孩子主动倒垃圾的自豪感,慢慢地形成了习惯,把这项劳动看成了一种责任。

做妈妈的可以在日常生活中注意观察儿子的喜好,如果他喜欢书,就让他负责整理家中的书柜,如果他喜欢打扫卫生,就让他负责扫地。从儿子感兴趣的事情入手,一步步地引导儿子培养起责任感。

不能将物质报酬作为树立责任心的动力

奖励和赞美对于塑造孩子的行为有着重要作用。但是教育专家认为,过度频繁的奖励会起消极的作用,对孩子的成长不利。它体现了父母对孩子的忽视以及一种高高在上的大家长作风。

孩子作为家庭的一名成员,既应该享受其权利,当然也应承担一定的家庭责任，做妈妈的应该让儿子明白自己在家庭中也是有责任的，让儿子知道承担一定数量的家务劳动是应该的。在儿子做家务的过程中，妈妈可以给予儿子鼓励、夸奖，或者给儿子一个吻或一个拥抱，但是，不可以用物质报酬作为树立儿子责任心的动力。

妈妈要让儿子感觉到做家务是为了参与到家庭生活中，像大人一样为家庭作出贡献，而不是为了获得物质奖励，这样才能够产生集体意识和家庭的归属感。

"我们使用奖励的方式来鼓励孩子做家务活，这是一个错误，我们拒绝了孩子对生活最基本的要求，"一位名叫鲁道夫·德莱克尔斯的作家这样认为。真正能够帮助孩子树立责任感，使孩子感到自信的不是那些奖励，而是对孩子的赞扬、信任和要求。错误地运用物质奖励会使孩子变得看重物质利益，自私自利。

让孩子对自己的过错负责

麦克今年四岁半了，在萨尔马多城上幼儿园，最近他在学习有关植物方面的知识。麦克迷上了植物，他觉得那些花草实在是太美了，便苦苦地哀求妈妈给她买一盆鲜花。

妈妈同意了麦克的请求，趁周末带着麦克到花卉市场买了一盆小花。妈妈希望麦克看到小花生长的整个过程，并且能够自己照顾它。于是，妈妈和麦克约定，由麦克负责照顾鲜花，给它浇水和施肥。

最初几天，麦克非常兴奋，每天耐心地给小花浇水，还根据日照的情况，不断给花盆挪动位置，并拿出本子，歪歪扭扭地在上面画出花卉生长的情况。

麦克的妈妈看到小麦克这么有责任心，十分满意。可是，没过多久，麦克的妈妈发现小麦克给花浇水的次数越来越少了，甚至好多天都不给小花浇水，也不做记录，似乎他已把养花的事给忘了。结果，小花慢慢枯萎了，叶子也开始泛黄，生长的速度减慢了，再过几天，这盆花就快死了。

吃过晚饭，麦克的妈妈把麦克叫到阳台，问："你给花浇水了吗？"

麦克低着头说："没有。"

"为什么没有？"

"我……"

"我们在买这盆花的时候，是怎么说的？由谁负责给这盆花浇水？"

麦克沉默不语。

"你看，这盆花多么的伤心、悲哀！她失去了美丽的叶子变得枯黄，而这都是因为你。"

以后的日子里，麦克每天坚持给花浇水，小花不久又恢复了以往漂亮的颜色。

妈妈一旦决定将某件事情交给儿子负责，就要监督儿子的行为，而不能采取不管或无所谓的态度，这样只会滋长儿子的不负责任，使儿子缺乏责任心。更不能越俎代庖，替儿子承担责任。当儿子没有承担起相应的责任时，妈妈要严厉地批评儿子，让其认识到自己的错误所在，只有这样才能增强孩子的责任心。

有的妈妈求子成才心切，看到儿子没时间就帮儿子整理书包，甚至检查作业错误，这是一种责任心的"错位"和"越位"。其实通过让儿子承担"失责"的后果，可以让儿子更加明确自己的责任，建立起更强的责任心。

有个11岁的美国男孩踢足球,一不小心踢碎了邻居家的玻璃,人家要索赔12.5美元。当时,12.5美元可以买125只鸡蛋。闯了大祸的美国男孩向父亲认错后,父亲让他对自己的过失负责。儿子为难地说:"我没有钱赔人家。"父亲说:"这12.5美元借给你,一年后还我。"

从此,这位美国男孩开始了艰苦的打工生活。经过半年的努力,这位男孩终于挣足了12.5美元,还给了父亲。这位男孩就是后来成为美国总统的里根。他在回忆这件事时说:"通过自己的劳动来承担过失,使我懂得了什么叫责任。"

教儿子关心他人

很多父母抱怨,自己平时对孩子照顾得无微不至,孩子病了,大人心急火燎地为其四处求医,而自己病了时,孩子却连倒上一杯水都想不到,实在是令人伤心。

关心他人是责任心的具体体现,培养儿子的责任心,可以首先从教他关心父母开始。比如父母病了,让孩子端饭倒水,请医抓药等。平时让孩子帮助家长做一些力所能及的事,然后,再逐步教他们关心身边的人。孩子只有对身边的人充满了爱心,才会感觉到肩上的担子,并进而培养起对集体、社会、国家的责任感。

培养儿子责任感,妈妈不妨表现弱一点

要想把孩子培养成有责任感的男子汉,当妈妈的不妨表现得柔弱一点,让孩子觉得你很需要他。比如,妈妈可以把登高放东西、换灯泡、搬重物和小修理等活儿都推给儿子做,给他提供显示自己本事的机会。这样做,不仅培养了他爱劳动的习惯,也增强了

他保护母亲、帮助弱者的责任感。

　　责任心，是一个人的基本素质，是今后他对社会、对家庭的价值体现。曾经有教育家把它比作是进入二十一世纪的护照和青少年能力发展的催化剂。责任感是一个人立足社会、获得事业成功至关重要的人格品质。在大力提倡素质教育的今天，做妈妈的要善于用自己的爱心、耐心和智慧去培养孩子的责任感。

培养善于交际的男孩儿

男孩天生是群居动物,他们生性成群,在群体中学会社交、学会爱、学会生活、学会责任感和道德观,并找到自己的归属。20世纪70年代以来,各国儿童心理学家和幼儿教育工作者对儿童的社会性发展日益重视,初步揭示了早期同伴交往对儿童心理发展的短期与长期影响。目前,幼儿同伴交往研究已经成为儿童社会性发展研究的热点之一。而一个人交际能力的好坏,常可影响其日后的学习、工作和生活的质量。

专家指出,衡量孩子交际能力的标准是:

1. 不惧怕陌生环境,很快适应新环境。

2. 必要时,能克制自己的感情。

3. 有独立能力,不喜欢依赖别人。

4. 与小伙伴相处和谐,能在各项活动和游戏中合作成功。

5. 善于和乐于帮助他人,并能谦让。

6. 能理解成人的意图,并能按成人的意愿去办事。同时还能提出自己新的观点和建议。

7. 有组织能力,在游戏和学习中能起到"小领袖"的带头作用,并为伙伴们所喜爱。

8. 在公开场合中,能聪明、机智、不卑不亢的表达自己的想法和建议。

9. 热情开朗,与人交往中充满尊重和信任。

对于孩子而言,人际交往有助于他们的成长。

人际交往有助于培养孩子良好的性格

孩子是天真无邪的,他们之间经常交往所产生的愉快情感、喜悦的心境,能使孩子性格活泼开朗。他们在交往中交换玩具、分享食品,能逐渐养成大方、不计较的良好行为。几个孩子在一起玩,如果有孩子以自我为中心,一切听他的,独占玩具,这时,其他的孩子就会直率地说:"我们不跟你玩了。"当这个孩子多次遭到孤立,他就会逐渐改变这种行为。所以,幼儿间的频繁交往,是帮助他们克服自我中心、增强自我控制、防止性格孤僻的好途径。

人际交往是孩子情感上的需要

孩子非常喜欢跟小伙伴交往,即使是不认识的孩子,只要碰在一起,八九个月的婴儿也会互相摸抓,以表示亲热;年龄大一点的孩子则会有共同的乐趣、相互能懂的语言,他们很自然地会在一起玩耍。当孩子的这种交往需要得到满足时,就会特别高兴。

人际交往能够使孩子成长

孩子只有在直接接触中才能体会到自己跟别人的关系,在接触中不断适应，彼此关心，并学会一起玩。当孩子们在一起玩时，会感受到小伙伴的不同，发现小伙伴身上的优点，并学习这些优点，同时也会感受到自身的不足，并积极改正。

如果男孩在孩提时代没有学会处理团体中的关系，缺少团体意识，将来就不懂得发展良好的人际关系，也不可能和别人保持融洽的关系。美国心理学家卡耐基断言：一个人事业之成功，30%取决于才能，而70%则取决于其交际能力的大小，即能否与人、与人群进行十分妥善的协调。因此，做妈妈的应该鼓励儿子进行广泛的人际交往，培养儿子的交往能力。

给儿子创造更多的交往机会

可以带孩子去亲戚、朋友或邻居家串门、做客。使孩子尽量多地结识一些朋友，包括异性小朋友与成人及老人等忘年朋友。让孩子在广泛交往与结交众多形形色色的朋友中学到更多知识，增加主动结交的胆量，使孩子的性格变得更为开朗、活泼、大方、合群，并逐步养成文明礼貌、谦虚与尊重朋友的良好品德。

带领孩子参加各种活动，如旅游、探险、参加夏令营等，争取让孩子多参观展览、观看演出、参加游戏竞答、竞猜、演讲或上台表演节目等活动，从中让孩子接触到尽可能多的陌生人，在观察世界时锻炼交际能力，开阔眼界，丰富自己的生活经验。

教给儿子一些合作性的游戏

做妈妈的可以多教给儿子一些合作性的游戏，让儿子与小朋友一起玩耍。通过角色游戏的扮演，让孩子们自由组合、自己分配角色，一起玩，一起交谈，从而在不知不觉中学习交际，并从中体验到交往合作的快乐,逐步产生交往的兴趣。另外,也要重视让儿子与不同年龄的孩子进行交往。当儿子与比自己大的孩子一起交往时,会得到学习的榜样,能更快、更多地获得知识和经验,提高各种交往能力;当儿子与比自己小的孩子一起交往时,可以通过对弟妹的关心、爱护,培养他的自觉性和责任心,以及互爱互助、热情待人、友好协作的优良品质。

教给儿子交往的技能

交往是有一定的规则和技巧的,妈妈要先给儿子进行必要的交往培训。比如,教儿子在交往过程中使用礼貌用语;教儿子如何与陌生的小朋友打招呼;如何正确看待、解决交往中的矛盾等。做妈妈的可以以"大朋友"的身份参与到孩子们的交往中,积极引导孩子们建立起平等融洽的关系,并引导孩子学会合作,教给孩子基本的社会规范和交往规则。

通常而言,做好以下几点有助于增强孩子的交往能力:

1. 让儿子学会分享。不懂分享的孩子在生活和游戏中很难找到合适的伙伴。当孩子和一个小朋友为了某件玩具发生争吵时,妈妈可以启发他自己想办法解决矛盾,要么两人轮流玩,要么大家一起玩,关键是小伙伴在一块儿要友好相处。

2. 耐心等待。当其他小朋友成为大家关注的焦点时,当自己喜欢的东西还不能立刻拥有时,妈妈要教儿子耐心等待。不要在此时此刻比高低、争输赢,从而逐渐理解社会生活中的秩序,学会"依次"办事儿。

3. 遵守规则。任何游戏都是有规则的,妈妈要告诉儿子游戏的规则并且必须要遵守。执行时尽量严格,不随意迁就孩子的喜乐。

如果孩子仅仅是为了取胜而多次破坏规则，你完全可以停止游戏，避免滋长他的自我优越感。一旦孩子养成了遵守游戏规则的好习惯，他在与家庭外成员交往时，也就容易运用普遍的行为准则来约束自己。

4. 学会沟通。鼓励孩子说出他的想法、表达自己的感受。这样，当他想玩其他小朋友的玩具时，他就可以比较容易地去说："能不能让我玩玩你刚才玩的玩具？"而不是粗暴地把玩具从别人手中夺过来。孩子如果能学会沟通，尽量用平静的语气与人交流想法，这会使他赢得更多的朋友。

5. 赞赏。鼓励你的孩子赞赏对方。当其他小朋友做了好事时，要由衷地赞扬他们。除了通过语言外，还可以用拥抱、牵手之类的友好举动表达他对小伙伴的好感。如果一个孩子能经常地以积极态度来对待别人，他就能获得社会的接受。

6. 友善的姿势。在日常生活中，有些动作会表示出攻击性，比如叫喊、皱眉和紧握拳头等；而有些动作，比如微笑、赞赏、拥抱等，则表示出友善的意味。妈妈要引导儿子展示出友善的姿势，从而获得更多的友谊。

7. 注意仪表整洁。只有礼貌、整洁的孩子才更容易得到别人的接纳。否则会极大地影响他与其他孩子的交往。

锻炼孩子的交往能力

妈妈可以有意识地创造让儿子单独上阵、与人交往的机会，从而锻炼孩子的胆量和交往能力，使他们敢于在任何时候表现自己的才华，与别人相处不羞涩。比如到小朋友或邻居家去串门，到亲戚家去做客，让孩子独自去，这都是锻炼孩子交际能力的机会。孩子出远门不让大人陪送，安排孩子去送封信、打个电话，让孩子独自在家迎接并招待客人。特别让孩子代替父母去串门拜访，看望一个病人，去给某个长辈过生日，故意让孩子代表父母去送一份礼物，去为家庭购买物品等。

妈妈还可以利用外出旅游的时机来锻炼儿子的交往能力，比如带孩子去买车票、联系住宿、购买游园门票，让孩子直接接触到一些新的对象，了解新的交际内容。通过与陌生人打交道，这样可以增强孩子的交往能力，提高孩子在新环境的应变心理素质。旅游结束了，孩子的见识广了，与人的谈资多了，还能给以后的交际增加不少的话题。

培养孩子的说话能力

口语是社会生活的入场券，交际能力的核心是说话能力，因为交际的最直接形式是说，不会说，或者说不好，怎么与人交际？会说，说得巧，答得妙，其交际成功的可能性自然就大。妈妈可以经常出一些模棱两可的辩论题与孩子进行辩论，也可以故意提出一些不正确或片面的观点，让孩子据理反驳；对孩子平时话语中的差错，妈妈要及时纠正，帮助孩子提高认识。平时，如果有可能的话，应鼓励孩子参加演讲比赛，鼓励孩子上课或开会时积极发言。

交往是人的需要，也是社会对人的要求，通过交往，人们能够互相交流信息和感情，协调彼此之间的关系，达到共同活动的目的。幼儿时期的交往对幼儿的成长极为重要，它能促进幼儿更好地适应社会。今天的孩子将是未来的主人，因此培养幼儿的社会交往能力是迫在眉睫的，也是孩子将来"生存"于社会的基础。